elefante

CONSELHO EDITORIAL
BIANCA OLIVEIRA
JOÃO PERES
TADEU BREDA

EDIÇÃO
TADEU BREDA

ASSISTÊNCIA DE EDIÇÃO
LUIZA BRANDINO

PREPARAÇÃO
CAROLINA HIDALGO CASTELANI

REVISÃO
MARIANA BRITO
TOMOE MOROIZUMI

PROJETO GRÁFICO & DIAGRAMAÇÃO
ESTÚDIO ARQUIVO

DIREÇÃO DE ARTE
BIANCA OLIVEIRA

ASSISTÊNCIA DE ARTE
VICTOR PRADO

A OFENSIVA SENSÍVEL

NEOLIBERALISMO, POPULISMO E O REVERSO DA POLÍTICA

DIEGO SZTULWARK

TRADUÇÃO
GABRIEL BUENO DA COSTA

	PREFÁCIO À EDIÇÃO BRASILEIRA	8
	NOTA DO AUTOR	16
	INTRODUÇÃO	20
I	CONTRA A POLÍTICA DO SINTOMA: DO NEOLIBERALISMO AO NEOFASCISMO	52
II	VONTADE DE INCLUSÃO	104
III	O REVERSO DA POLÍTICA	148
	REFERÊNCIAS	204
	SOBRE O AUTOR	211

Toda teoria não é também uma autobiografia?
MARÍA GAINZA

PREFÁCIO À EDIÇÃO BRASILEIRA

PETER PÁL PELBART

O desafio que enfrenta o livro de Diego Sztulwark já se apresenta no título: *A ofensiva sensível*. Como introduzir a esfera sensível no campo político? O sensível costuma ser associado ao domínio das artes, às práticas do cuidado, à esfera do feminino. Já o poder costuma se conjugar com os verbos vencer, comandar, impor, dominar. A sensibilidade é vista como afeta à nuance, à delicadeza, até a certa passividade, enquanto o político é concebido como ação, organização, planejamento, previsão. A primeira seria da ordem da receptividade, da reverberação, da intuição, dos afetos; o segundo, da força, do cálculo, da esperteza. Eis uma polaridade repleta de clichês, cuja matriz certamente se apoia na contraposição entre os gêneros, que a luta feminista colocou inteiramente em xeque.

Ora, não será esse um dos impasses do político trazidos à luz nas últimas décadas — o paradigma falocêntrico, francamente sexista, que, por milênios, não apenas trancafiou as mulheres no lar enquanto deixava aos homens a gestão dos negócios da cidade, mas concebeu o exercício do próprio poder como sendo da ordem da guerra e da morte, reservando ao feminino o lugar da fragilidade e da vulnerabilidade?

Apenas há poucas décadas reconheceu-se a dimensão intolerável dessa fabricação histórica. Judith Butler, Silvia Federici, bell hooks, para mencionar somente autoras recentes, dão conta dessa repartição como uma operadora de violência, repressão, expropriação, silenciamento. As consequências dessa descoberta não são poucas. Entre outras, um borramento das fronteiras que permite à fragilidade e à vulnerabilidade, em parte ligadas ao cuidado, revelarem-se como uma potência política.

Esse não foi o único ponto em que as cartas se embaralharam. Paralelamente, a própria teoria política deu um salto numa direção paradoxal. Por exemplo, começou-se a conceber o exercício do poder como uma espécie de cuidado (do rebanho, da população, da vida) e vice-versa — certo tipo de cuidado começou a ser visto como uma forma de poder (na medicina, na pedagogia, na psicologia, na psiquiatria, na psicanálise etc.). Coube a Michel Foucault descortinar esse campo vasto ao qual finalmente deu o nome de biopolítica ou biopoder. Alguns viram nisso um exercício de poder mais incisivo e penetrante, que atinge, agora, a própria vida. Outros, fiéis à ideia de que todo poder é indissociável de uma resistência, vislumbraram novas modalidades de contrapoder apoiadas na vida em si mesma. Ao poder *sobre* a vida responde a potência *da* vida, ao biopoder responde a biopotência. Em todo caso, nessa fita de Möbius, a textura vital e sensível ganha um novo alcance.

Constatou-se que o exercício do poder já não consistia apenas em domar os corpos, expropriar sua força de trabalho, apropriar-se dos bens e riquezas, monitorar a vida da população, otimizando seu rendimento, mas também capturar os afetos, laçar as almas, exercer a sedução, produzir desejos, formatar a subjetividade.

Eis-nos, pois, de volta ao livro de Sztulwark. Diz o autor: "o sensível se tornou um campo de batalha". Não há poder contemporâneo que não invista no plano dos afetos, que não dependa deles, que não invente estratégias as mais insidiosas para capturar ou manipular essa dimensão elementar, pré-discursiva, inconsciente, que a racionalidade ou a argumentação apenas encobrem. É verdade que o próprio populismo é impensável sem o apelo às emoções primárias, à identificação com um chefe, à demanda de proteção. Contudo, no presente, ainda mais desafiador é entender como o neoliberalismo inventou toda uma tecnologia micropolítica para atingir o plano da sensibilidade. "Chamamos de neoliberalismo, portanto, o devir micropolítico do capitalismo, suas maneiras de fazer viver."

Os exemplos elencados pelo autor são os mais variados, e não cabe aqui dar qualquer spoiler. Já seria uma contribuição de porte rastrear, na literatura política, filosófica, psicanalítica contemporânea, internacional ou especificamente latino-americana, a análise minuciosa de tais mecanismos, e reportá-los com clareza, de maneira sucinta, para além das pequenas divergências entre autores.

No entanto, o outro lado da moeda importa tanto quanto esse. Se o poder se exerce no campo sensível, quais modalidades de revide, antagonismo, escape ou deserção se exercem e se inventam com base nesse mesmo campo sensível? Que outras táticas vão surgindo? O desafio consiste em não espelhar os modos de ação valorizados majoritariamente — daí a própria recusa de vários vetores minoritários em utilizar ainda essa figura bélica e defensiva que o termo *resistência* evoca — e na insistência em investir numa direção outra, chame-se ela molecular, desejante, nômade, criadora, acontecimental.

Seria fácil supor que os "adversários" se encontram em tabuleiros distintos (macropolítico/micropolítico, material/imaterial, objetivo/subjetivo, masculino/feminino). Nada mais enganoso. O que está em jogo, para além das lutas evidentes — a olho nu ou na microscópica perspectiva —, é justamente a dimensão sensível e seus efeitos transversais sobre os demais planos. Sem dominá-la, o jogo não pode ser vencido. Ou, na linguagem que recusa exatamente o dominar ou o vencer: o sensível torna-se força ativa. Eis a origem do paradoxo enfrentado por aqueles que mais parecem insensíveis ao sensível, mas não podem deixá-lo aos adversários, sob pena de perderem seu domínio.

Daí também a ambiguidade do título. Como ver que o sensível não é apenas passividade, receptividade, vulnerabilidade, inação? A *ofensiva sensível* se dá tanto do lado dos dominantes ("o sensualismo do capital é despótico") como dos dominados, para quem essa dimensão antagonista embutida no sensível é decisiva, embora não esgote a luta. A meu ver, o interesse maior do estudo do autor reside no mapeamento desse campo sensível, no qual se trava, na surdina, a verdadeira batalha política.

Tal cartografia só é possível graças a uma nota spinozana que retorna ao modo de um ritornelo: o afeto não é um sentimento, mas uma potência, e justamente uma potência de metamorfose. Uma potência, por definição, é constituída por um poder de afetar e de ser afetado. Ora, ser afetado não é da ordem de uma mera receptividade; é uma capacidade, e das mais relevantes. Que nos baste evocar a capacidade de escutar música contemporânea — não é suficiente fechar os olhos e sentir; há aí um pensamento, uma intensidade, uma conjugação necessária entre sensibilidade e pensamento. Na música ou na psicanálise, na política ou na filosofia, não sei se há menos potência no ouvir do que no fazer.

Contudo, o autor deste livro não se deixa arrastar para o campo estético, no qual sua hipótese teria mais chances de alçar voo sem enfrentar, por assim dizer, a "prova de realidade". Ele tem a pretensão explícita de pensar como, no campo do embate político atual, num contexto em que se alternam ou se conjugam populismo e neoliberalismo, seria possível ativar uma dimensão que fosse como que o avesso do político, mas capaz de atingir seu coração. "Se pensar de outra maneira requer sentir de outra maneira, a batalha das ideias deveria ser precedida, ou pelo menos acompanhada, por uma *ofensiva sensível*."

Ao lado das várias guerras que nos atravessam, está a guerra entre formas de vida (o autor prefere pensar numa contraposição entre *modos de vida* e *formas de vida*, mas deixarei de lado, aqui, tais nuances terminológicas). Um dos pontos altos do livro é sondar, por exemplo, uma forma de vida dita plebeia na Argentina, situada em bairros populares e ilustrada por Diego Valeriano com o mote "o consumo liberta", como que virando do avesso o imperativo da inclusão pelo consumo. Escreve ele:

> Nem filha, nem trabalhador, nem classe, nem operário qualificado, nem lumpesinato, que dirá ascender socialmente. Deserção de todas as normas. Começar, marcar posição, colocar uma barraquinha de sanduíche na Ruta 4, mudar de mil formas, ser malandro, ser entregador, ser bandido. Nem aluna, nem office-boy, nem peão, nenhuma corrida longa, nem futuro, nem pobre. Motorista particular que vende droga, pau-mandado, ir à manifestação para ganhar o lanche. Não aceitar as regras do jogo, fazer novas, abandoná-las conforme a conveniência. Transformar-se em confronto a céu aberto. Tênis de bandido, bebida barata do mercadinho chinês, todas as bandidas dançando de sutiã, os negros virados sem camisa num domingo. Uma gestão disposta da existência, não aceitar o pouco que lhe cabe.

E o comentário lúcido do autor:

> Essa pragmática pode ser qualificada como plebeia menos por sua realidade sociológica do que, pelo contrário, por um ponto de vista puramente maquinal: coloca em ação um tipo

de funcionamento *centrífugo*, um extravasamento ocasional e, às vezes, apenas gestual da regulação burguesa da existência, cuja estrutura não é capaz de transformar nem se propõe a fazê-lo. O âmbito plebeu está vinculado às percepções específicas de um sujeito que não é nem puramente vítima nem puramente passivo, que não se deixa tomar como um excluído a incluir nem como um empreendedor a incentivar.

Atento a essas e a muitas outras experiências, incluindo aquelas que lhe foi dado presenciar quando integrava o Situaciones, um coletivo de investigação participativa, Sztulwark reitera que é preciso "politizar o mal-estar", "escutar o sintoma", vulnerabilizar-se, compondo

> uma vitalidade muito diferente da afirmação viril do produtivismo. Uma afetividade não neoliberal pode dar lugar a um vitalismo turvo, impuro, que extraia sua força da experiência da fragilidade. Talvez a percepção politicista não seja capaz de captar o potencial sintomático dessas afetividades, de suas possíveis concreções políticas.

Eis justamente o desafio: apostar numa percepção não politicista. Deleuze dizia que a política é uma questão de percepção.

A mudança de perspectiva que assim se vislumbra neste livro nos reconecta com uma aposta que se encontra no ar do tempo entre autores muito diferentes, de León Rozitchner a Félix Guattari, de Franco Bifo Berardi a Rita Segato e Suely Rolnik: "Corpos e textos parecem querer comunicar o mesmo: a impossibilidade de relançar o político externamente a uma nova centralidade do erótico, do sensual e do sensível".

PETER PÁL PELBART é um filósofo húngaro radicado no Brasil, professor no Departamento de Filosofia e no Núcleo de Estudos da Subjetividade da Pontifícia Universidade Católica de São Paulo (PUC-SP) e autor dos livros *Vida capital: ensaios de biopolítica* (Iluminuras, 2003) e *O avesso do niilismo: cartografias do esgotamento* (n-1, 2013)

NOTA DO AUTOR

A editora Caja Negra percebeu que isto viraria um livro antes de ele ser escrito de fato, quando se tratava apenas de textos dispersos no blog *Lobo Suelto*. Na tarefa de reelaborá-los, comecei a pensar nas vidas de Marta Pechman e de Pablo Sztulwark, e, como sempre, na de Iván Sztulwark.

Este texto é também fruto de uma longa conversa com amigos, de conversas cotidianas com grupos de discussão e de leitura que me estimulam, quase todos os dias, a me perguntar sobre o que é pensar.

Entre aqueles que leram fragmentos e fizeram comentários, agradeço a Mariana Gainza, María Pía López, ao coletivo Juguetes Perdidos, Andrés Fuentes, Esteban Levin, Franco Bifo Berardi, Rita Segato e Silvio Lang. Quero agradecer especialmente aos que se dedicaram a uma leitura integral em algumas de suas diversas etapas de elaboração. Celia Tabó, Pedro Yagüe, Amador Fernández-Savater, Jorge Atala, León Lewkowicz, Facundo Abramovich, Lila Feldman, o grupo das terças-feiras e Sebastián Scolnik foram de grande ajuda para esclarecer confusões de toda ordem.

Se alguém é responsável pelos acertos que possam ser encontrados em *A ofensiva sensível*, essa pessoa é o grande editor Ezequiel Fanego.

É necessário reconhecer o valor que teve, para mim, o diálogo com Horacio Verbistky durante esses anos. Espero que este livro alimente o contraponto.

Uma conversa com Moro Anghileri sobre a presença do corpo no pensamento me impulsionou a redigir a terceira e mais difícil parte deste livro e, além disso, a desejar uma escrita exclusivamente sustentada na compreensão dos afetos.

INTRODUÇÃO

*A tradição dos oprimidos nos ensina que o "estado de exceção" (*Ausnahmezustand*) em que vivemos é a regra. Precisamos construir um conceito de história que corresponda a esse ensinamento.*

WALTER BENJAMIN

SOBRE A CRISE

É raro que o grau zero do âmbito político coincida com o da escrita. A perda de consistência denominada pela palavra "crise" nem sempre atinge a contundência capaz de demolir hábitos e representações. No entanto, há ocasiões que nos obrigam a pensar tudo de novo. O ano de 2001 na Argentina,[1] como expressão de uma comoção de alcance regional, aproximou-se bastante desse estado de coisas. Uma enorme

---

1   A crise argentina de 2001 foi desencadeada em dezembro pelo *corralito*, quando o governo impediu os cidadãos de tirarem seu dinheiro dos bancos. A medida suscitou uma onda de protestos — marcada por panelaços e pela palavra de ordem *"¡Que se vayan todos!"* [Fora todos!] — que derrocou, em poucos dias, o presidente Fernando de la Rúa e seu sucessor, Adolfo Rodríguez Saá. Os episódios foram seguidos de uma crise econômica, política e social que provocou um agudo empobrecimento das classes médias e populares. [N.E.]

decepção narrativa acompanhou o desabamento[2] das linhas persistentes da ordem. As palavras e as coisas, e os vínculos que lhes dão sentido, viram-se arrasadas pelo mesmo tremor. A perda de nitidez das coordenadas que asseguravam a sensação de funcionamento normal (a alteração do sentido do tempo histórico) abriu um intervalo produtivo de elaboração de saberes e estratégias que ainda dão relevo — ou espessura — a linguagens, corpos, territórios.

"Grau zero", "colapso", "desabamento", "decepção" são expressões que descrevem a crise de uma perspectiva exterior; que expressam o ponto de vista da normalidade perdida, quem sabe saudosa, talvez recuperada. Por um lado, essas expressões omitem o que a crise em si elabora como concepção própria e crítica a respeito da estruturação do presente. Por outro, em sua imanência, a crise tem algo de genético, de gérmen ou fermento, ou seja, de formulação de estratégias capazes de extrair vitalidade de um meio árido, mortífero. Os críticos de Baruch Spinoza têm ressaltado esse caráter estratégico do desejo. A virtude filosófica se apoia nessa classe de pragmáticas que buscam percorrer o trajeto que, partindo daquilo que acaba por ser útil para nós, conduz — ao menos em certas circunstâncias — a uma *utilidade comum*. É a experiência das "noções comuns".

"Crise" ou "exceção" remetem, vistas a partir delas próprias, à descoberta de um entorno não cultivado, no qual as concatenações do sentido não aparecem já prontas. As *subjetividades da crise* são aquelas que aprendem a viver a exceção permanente como única norma e que, em certos períodos, desejam estendê-la ao conjunto do campo social. É possível querer a crise? É viável fazer da

---

2 No original, *desfondamiento*, que, ao pé da letra, denota ação e efeito de retirar o fundo de algo. A palavra remete ao universo de Gilles Deleuze (em francês, *effondrement*). [N.T.]

exceção a norma? Ainda está em disputa o sentido do tempo histórico?

O ano de 2001 teve primordialmente um valor cognitivo. Permitiu captar a estranha dialética segundo a qual norma e exceção se medem e se expropriam uma da outra. Às vezes, em alguns momentos, a crise ensina a ver os dispositivos de normalização como opressões a destituir; em outros, é a normalidade que mostra até que ponto a crise — o caos e a angústia — é o abismo do qual devemos nos afastar, como nos afastaríamos da lepra. De qualquer modo, sem essa dialética perspectivista, sem esse cruzar de espadas, não há desenvolvimento possível para a crítica. Marx a concebeu como o ponto de vista da crise da relação social capitalista. A crítica prática é o método que ressurge cada vez que os sujeitos submetidos à exploração descobrem a si mesmos como vetores de uma perspectiva própria, exterior ou autônoma. Trata-se de sua célebre "crítica da economia política" ou, em outras palavras, de sua obsessão pela liberação de certas forças vivas, as quais descobrem sua capacidade produtiva sob a coação do capital, e, portanto, apropriam-se de suas aptidões cooperativas para contrapor a potência da crise a esse mando ou norma. A crítica da economia política funciona em torno dessa dupla operação: é uma cartografia da cooperação no interior dos dispositivos de autoridade e de exploração que dinamiza, a partir dali, o espaço-tempo antagonista — o da crise —, que se dá sempre dentro e mais além, criando seu próprio exterior, aspirando a forjar uma nova forma política. Se o fetichismo da mercadoria consiste em revestir o sensível de propriedades suprassensíveis, o método da crítica dissolve essas envolturas místicas, nas quais se sustenta o poder de comando, buscando, desse modo, desativá-lo. A crítica radical é inseparável da força dissolvente da crise, da generalização da exceção, que suspende a eficácia soberana da norma à procura de uma nova terra.

Esse poder dissolvente afeta, de maneira gradual, o conjunto da arquitetura jurídica. Daí o impacto da crise como grau zero. Pensá-la como vazio puro e movimento rumo ao nada leva a associar a crise ao horror, ao caótico e ao inabitável, o que põe a perder sua produtividade específica, sua aptidão para fazer uma radiografia sem eufemismos das estruturas da ordem nas quais a existência se desenrola habitualmente. O ano de 2001 se apresentou como grau zero porque, entre outras coisas, permitiu registrar as escritas que desde então têm percorrido o corpo coletivo. A determinação estatal do campo político tem sua própria concepção da crítica, adequada ao controle de danos e à norma de evolução que se propõe.

Em sua materialidade viva e em suas modalidades de protagonismo coletivo, a crise de 2001 foi, sobretudo, a afirmação de uma potência de existir. A crítica de que falamos aqui surge dessa afirmação, daquelas estratégias e saberes coletivos para os quais viver e destituir eram parte de uma mesma maneira de estar, de ser. Em termos políticos, foi a força daquele protagonismo que determinou a crise de legitimidade das políticas neoliberais dos anos 1990 (privatizações do patrimônio público, ajustes de salários, repressão impune). Depois, com a restauração da ordem, aquelas subjetividades da crise foram consideradas pré-políticas, meras estratégias de resistência incapazes de produzir alternativas globais. Debilitava-se, na época, a tensão que caracteriza o exercício de imaginar novas instituições com base no saber da crise, e um desejo de normalidade começava a tomar corpo.

SOBRE O IMPASSE

A experiência da crise é *aporética*. O intervalo não se generaliza: a crise permanece como exceção limitada a certos territórios, a certas categorias sociais, e não chega a inventar outra política. Perante o desprestígio das experiências socialistas do século XX, a falta de modelos alternativos de reprodução coletiva em grande escala que se contraponham ao modelo do capital nos condena à oscilação entre crise e ordem. Luc Boltanski e Ève Chiapello, em *O novo espírito do capitalismo*, investigaram as operações de adaptação e relançamento que as empresas praticam diante de cada crise, para que o capital aprenda a responder (por meio do combate, da neutralização e da apropriação) às críticas e às lutas ao modo de acumulação em determinado período histórico. Para os autores, as crises aparecem como motores de um reformismo do capital, momentos de incorporação da crítica, dos descontentamentos em relação ao novo desenho do mundo empresarial. Em linha similar, Raúl Cerdeiras assinala que a expressão "crescimento econômico", tão utilizada na saída da crise argentina durante o período 2003-2007, funciona como sinônimo eufemístico do reforço da autoridade do capital sobre a sociedade. Nessas condições, a crise perde seu potencial epistemológico e político e é recuperada, ao menos parcialmente, para relegitimar o modo de acumulação capitalista. Ela é, assim, despojada de seu potencial questionador, e passa a ser utilizada como ameaça disciplinadora.

Esse processo foi documentado no livro *Hipótesis 891: Más allá de los piquetes*, escrito pelo Movimiento de Trabajadores Desocupados de Solano e pelo coletivo Situaciones. Há uma correspondência entre a negativização da crise e uma posterior despossessão de seus saberes, uma desvalorização das redes que se constituíram naquele protagonismo coletivo e uma recondução das expectativas sociais rumo a um horizonte de normalidade — ou seja, a esse "crescimento" analisado por Cerdeiras. No caso dos chamados governos progressistas da América do Sul, essa negativização tomou a forma de uma *vontade de inclusão social*. A transmutação dessas forças centrífugas no desejo de um "país normal" (lema utilizado alternadamente por todos os governos posteriores à crise na Argentina, do kirchnerismo ao macrismo) passa, em uma primeira etapa, pela reinserção das energias populares desencadeadas durante a crise em uma modalidade de "inclusão pelo consumo" (modelo progressista), e depois — em países como Brasil e Argentina — pela promessa de uma "integração ao mercado" (modelo conservador).

SOBRE AS MICROPOLÍTICAS

As subjetividades da crise se caracterizam pela capacidade de elaborar estratégias que invertem a relação entre norma e exceção. Em *Ambivalencia de la multitud*, o pensador italiano Paolo Virno se refere à condição pós-estatal em que reside a força de trabalho das metrópoles contemporâneas. Contudo, é necessário esclarecer essa condição, pois ela não se refere simplesmente à ausência de estatalidade, mas ao fato de que os Estados atuais não monopolizam a decisão política, a não ser por meio de um jogo com a própria exceção. Nesse jogo, os Estados admitem a crise de seu próprio conceito, ao mesmo tempo que tentam se esquivar dela. A soberania estatal extrai e renova repetidas vezes sua capacidade de controle e regulação de uma série de operações validadas em instâncias e dispositivos vinculados aos mercados e à relação com um espaço global ou supranacional. Para Virno, o caráter da exceção ao qual a soberania recorre surge da impossibilidade de exercer um poder fixo superior à práxis. Enquanto a soberania recorre aos mais variados dispositivos de controle para renovar sua capacidade normativa e conseguir a obediência da população de um modo mais ou menos estável, a práxis opera segundo a não distinção *a priori* entre regra e fato empírico, e, portanto, tende a ampliar a exceção até alcançar a reversibilidade e a revogabilidade de toda norma. As subjetividades da crise são como o *bricoleur*, que não distingue entre peça e ferramenta, não estabelece uma diferença entre critério formal e movimento concreto. Os escrachos de HIJOS,[3] os clubes de troca,[4] as assembleias de bairro, as fábricas recuperadas, os piquetes, foram prefigurações da pós-estatalidade.

Nessas circunstâncias, a teoria política do Estado já não é suficiente para explicar a ordem; é preciso um suplemento. Para compreendê-la — o que Foucault chamou de "diagrama do poder" —, é necessário empreender uma análise micropolítica. Nesse nível, definem-se as estratégias, distinguem-se os afetos e desenvolve-se o jogo de substituições entre norma e exceção. Crise e neoliberalismo, inovação e controle determinam o campo estratégico da subjetividade, que é a matéria do âmbito político.

---

[3] Acrônimo para Hijos e Hijas por la Identidad y la Justicia contra el Olvido y el Silencio [Filhos e filhas pela identidade e justiça contra o esquecimento e o silêncio], entidade fundada em 1995 que congrega filhos e filhas de pessoas desaparecidas, exiladas ou mortas na mais recente ditadura argentina (1976-1983). [N.T.]

[4] *Clubes de trueque*, espécie de feiras onde se fazia escambos e compras mediante um crédito específico. Popularizaram-se durante a crise argentina, notadamente a partir de 2001. [N.T.]

SOBRE A FILOSOFIA DO ACONTECIMENTO E DOS PIOLHOS

O filósofo León Rozitchner, spinozista argentino, costumava dizer que, quando o povo não luta, a filosofia não pensa. O acontecimento, o lutar-pensar, está presente em um operador temporal — o quando — e em um dispositivo de substituições ou ressonâncias: o povo, quando luta, faz a filosofia pensar. Para ele, a conexão entre realidades aparentemente independentes (luta e filosofia) repousa em um fato comum que afeta por igual corpos e ideias: quando um corpo descobre sua utilidade comum junto a outros, engendra um saber que vai além de si mesmo. As noções comuns são experiências cognitivas, imediatamente insurgentes.

As filosofias do acontecimento floresceram durante os anos da crise. O ano de 2001 foi lido como irrupção de uma temporalidade intempestiva: maldição ou milagre. A tarefa de pensar a ruptura e habitar o descontínuo supôs certa disposição a não vacilar diante das restaurações. A reflexão em torno da positividade da crise buscou o estado real das coisas no que é variável e procurou devolver a percepção das próprias coisas, abraçar a fluidez e alcançar, quem sabe, o gasoso como estado de matéria no qual se suspendem os vínculos habituais entre as moléculas em flutuação. A aventura do povo que luta e de uma filosofia que pensa é também a aventura de uma percepção vibrátil do real, capaz de inaugurar trajetórias divergentes no presente.

No entanto, também pode acontecer de a filosofia servir de consolo, como uma espécie de resolução reflexiva para tudo aquilo que o acontecimento rompe na vida ou frustra na luta popular. É possível que ela seja um caminho para se afastar do campo de batalha, onde são acumulados ferimentos e derrotas. Pode ser que ela se ofereça como espaço de crença em si mesma, mais do que como um meio para criar novas experiências no mundo. A carga perturbadora do acontecimento vivido não se deixa reduzir aos esquemas teóricos da ruptura e do novo. Se a crise deixa algum ensinamento a esse respeito, é o da inexistência de um acervo de categorias prontas para processar aquilo que, de um modo ou de outro, deve ser elaborado por conta própria.

Em todo caso, a filosofia se abre à prática política quando esta traz novidades suficientemente perturbadoras. Inclusive naquelas oportunidades — e não são poucas — em que recorremos à linguagem emprestada dos livros para dar conta de nossas percepções, parafraseando outros para dizer o que é próprio. Acontece com as citações acadêmicas ou eruditas, mas também com as "piolhentas", que não são nada além de intuições próprias camufladas, ditas com noções de terceiros, aos quais damos a palavra. O historiador Ignacio Lewkowicz costumava me atribuir este modo de pensar, um indagar desesperado sobre aquelas noções que se avaliam suficientemente deformáveis para que possa fazer caber nelas as próprias ideias, surgidas em um contexto específico e com um sentido distinto. Esse modo "piolhento", à medida que se apropria e deforma, seguramente será insatisfatório: não vai a fundo na exigência que supõe todo acontecimento singular.

Agora vejamos, o que acontece com essa singularidade quando o povo já não luta ou a filosofia já não pensa? É obrigatório que, após o acontecimento, venha sempre a regularidade governada, e com ela a depressão e o desapontamento daqueles que abraçaram a exceção? É preciso com urgência uma mudança de imagem, uma sequência menos linear. Uma filosofia do acontecimento requer um espaço mental mais complexo, no qual caibam as coexistências e, inclusive, a justaposição entre dinâmicas de ordem e de revolta.

O Acontecimento com inicial minúscula, o desejo de captar as singularidades em suas variações concretas, significa, ainda hoje, dotar-se de uma sensibilidade anticolonial.

David Viñas, na Argentina, ou Silvia Rivera Cusicanqui, na Bolívia, têm insistido de maneira exemplar na exigência de todo pensamento verdadeiro. É necessário evitar que o acontecimento fique confinado ao acontecimento editorial ou universitário (sucesso de vendas ou aquisição de destrezas expositivas e comparativas em relação a um suposto saber de teorias ou autores que se impõem pelo peso de determinadas influências geopolíticas). Ricardo Piglia escreveu que um acontecimento se torna experiência apenas quando se cria um sentido para ele. Um nominalismo generalizado, uma torção da linguagem para narrar o que vai acontecendo conosco.

A coexistência de camadas temporais explica mais que a linearidade evolutiva. O ano de 2001, como ponto perspectivo ou grau zero, nos permite ler hoje — duas décadas depois — as diversas escritas traçadas sobre um campo coletivo plural, no qual os deslocamentos continuaram sua marcha, abaixo e por meio das grandes restituições. Os sucessivos esforços posteriores de normalização, tanto o inclusivo quanto o modernizador, tomaram o devido conhecimento da heterogeneidade estrutural da sociedade como dado irreversível.

SOBRE PENSAR SEM ESTADO

Voltemos a Ignacio Lewkowicz. Em *Pensar sin Estado*, ele descreveu o ano de 2001 como o cancelamento de uma precedência do Estado como metainstituição capaz de coordenar todo o tecido institucional e dotar as práticas de sentido. Ele atribuiu o esgotamento do monopólio da decisão política a uma mudança de estado na matéria, a uma passagem do sólido para o líquido. Mas esse fim da soberania como elemento organizador não era simplesmente algo a ser comemorado. Mais que um Maio de 1968 libertário, assistimos a uma realidade traumática, a um dilúvio. A fluidez como nova condição afetava tudo. Trata-se de uma tese paradoxal. Como entender essa ideia de um fim da precedência? Seria um chamado para se construir uma nova estatalidade, capaz de criar capacidade de controle a partir do que é instável, ou, na verdade, seria uma incitação para forjar um pensamento no qual a forma política não tenha o Estado como dispositivo central?

Depois de 2001, o Estado se encontra em um processo de contínua construção, em busca de sintetizar tudo o que acontece no meio em que lhe cabe atuar. A reescrita do campo social durante as últimas décadas é a história da construção da estatalidade em condições de proeminência do mercado, mas também, e sobretudo, da instauração de certas micropolíticas neoliberais onipresentes no campo da subjetividade. Sem considerá-las, é impossível captar a presença generalizada de uma pragmática plebeia no reverso tanto das políticas de inclusão como das neoliberais. *Pensar sin Estado* foi nossa introdução ao mundo neoliberal.

Mas o movimento ficou truncado. Esse livro era apenas a primeira parte de um projeto intelectual mais amplo de Lewkowicz, que deveria ter sido concluído em uma obra maior: *La era de la fluidez*. A ideia de apresentar uma ontologia do que é fluido, cuja promessa era afetar a imagem que tínhamos não apenas da política mas também da escrita, ficou inconclusa com a morte do autor. Essa interrupção foi o anúncio trágico de uma enorme dificuldade, que se cristalizaria mais tarde, em produzir uma inovação conceitual à altura do vigor das redes e das práticas tecidas durante a crise. Hoje, inclusive, é possível sustentar que o limite não superado daquela imaginação política e teórica se tornou o principal entrave das dinâmicas democráticas desses últimos longos anos — um obstáculo que não só tirou potência de uma política nova como também restringiu até o fim as tentativas de políticas públicas mais interessantes, que os governos chamados progressistas quiseram testar. O mapa de pontos em que a imaginação se deteve é o mesmo sobre o qual se relançaria o realismo capitalista posteriormente.

Houve algo de autolimitação geracional nessa história da imaginação detida. Walter Benjamin (2011 [2012]) escreveu, em "Sobre o conceito da História", que cada geração possui sobre o passado não redimido algo como uma "frágil força messiânica", um direito de efetuar no presente os possíveis que não chegaram a ser realizados. Esse direito e essa força são inseparáveis de "um encontro secreto entre as gerações passadas e a nossa"; um encontro desconhecido que nos ensina que "temos sido esperados na terra", enquanto impõe, a cada geração, fazer valer os recursos com os quais conta. No tempo que nos cabe, porém, em vez da invenção de uma política, estabeleceu-se certo gosto pelo convencional e pela homenagem. Apesar disso, até mesmo o gesto mais estreito soube abrigar ampla experiência de mobilização juvenil.

SOBRE O ANTIPROGRESSISMO

Gilles Deleuze e Félix Guattari definiram o funcionamento do capitalismo como um mecanismo de conjunção de fluxos decodificados que chega até seus limites (crise) para deslocá-los (relançamento), criando assim tendências que os Estados buscam efetuar em seu território por meio de um jogo de acréscimo de axiomas — o "polo social-democrata" ou, podemos dizer hoje, populista — ou de subtração de axiomas — o "polo totalitário" ou propriamente neoliberal. O primeiro almeja o incremento do mercado interno, tornando-se mais permeável às demandas populares, enquanto o segundo prioriza o mercado externo e reduz as regulações com a esperança de que umas poucas políticas bastem para ordenar a complexidade social (daí o "totalitário"). Estudar as diferenças entre os dois polos não implica, porém, perder de vista que as oscilações contribuem para um movimento de conjunto.

As duas coisas acontecem: o campo social se polariza e as dinâmicas polarizadas convivem e se comunicam. No entanto, convivência e coexistência não remetem exatamente à mesma coisa. A coexistência permite compreender a existência simultânea de potências heterogêneas e conflitantes num mesmo espaço, e não supõe nenhum acordo de convivência. Já a polarização, como dinâmica de conjunto, reconduz as singularidades da crise rumo à integração nas invariantes da ordem.

O redirecionamento entre os dois polos, próprio do modelo axiomático, determina um teatro do âmbito político modulado no marco dinâmico do acréscimo e da subtração, o que delimita a imaginação ao jogo dedutivo a respeito dos axiomas. Sem a restrição de uma "força messiânica" por si só já débil, é impossível compreender a maneira relativamente fácil por meio da qual as subjetividades da crise, e depois a vontade de inclusão, foram subordinadas ao poder de mando cada vez mais intolerante do capital, além do modo como o partido neoliberal triunfou nas eleições de 2015[5] e a comodidade com que se apoderou — talvez por pouco tempo — das próprias ideias de futuro e de mudança.

A hipótese do cientista político e jornalista José Natanson, em seu livro ¿Por qué? La rápida agonía de la Argentina kirchnerista y la brutal eficacia de la nueva derecha, é de que,

---

5 Vencidas por Mauricio Macri. [N.T.]

> após doze anos de kirchnerismo, o panorama era uma espécie de normalidade recessiva decepcionante: uma economia estagnada, que havia perdido e acumulado remendos, mas que nunca havia explodido e sobre a qual o governo, apesar de tudo, ainda decidia. (Natanson, 2019)

Diante desse estado de coisas, o macrismo

> elegeu o discurso da igualdade de oportunidades como o grande guarda-chuva conceitual sob o qual inscrever seu programa de governo. Um enfoque tipicamente liberal, que aposta no progresso pela via do esforço individual mais do que na construção coletiva de bens públicos e que [...] se sintoniza com a busca pessoal que está na base da espiritualidade new age que muitos funcionários de Cambiemos[6] cultivam. (Natanson, 2019)

Falta ainda pensar a relação existente entre a incapacidade geracional para se apropriar do passado e a perda de direitos imaginativos sobre o futuro. Se aproximarmos o enunciado de Rozitchner sobre a relação entre a luta popular e a filosofia ao de Benjamin sobre a "frágil força messiânica", é possível perceber até que ponto a dinâmica axiomática da polarização atua sequestrando o direito a essa criação coletiva que supõe pensar relações abertas para além dos polos da axiomática. Em outras palavras, o que a polarização faz é anular o ponto de vista da crise.

---

[6] Coalizão política de Macri. [N.T.]

SOBRE A IRONIA

Os anos de escrita dos textos que serviram como ponto de partida para este livro (2016-2018) foram os do auge fugaz e da decadência prematura da chamada "nova direita" democrática, ao menos na Argentina. Foram anos de balanços e delimitações para estabelecer novas coordenadas e talvez também de novas linguagens para a problematização fértil. Encontrar uma linguagem é encontrar um mundo. No meu caso, essas buscas foram paralelas à escrita de *Vida de perro*, um livro de conversas com o jornalista Horacio Verbitsky.

Se pensar de outra maneira requer sentir de outra maneira, a batalha das ideias deveria ser precedida, ou pelo menos acompanhada, por uma *ofensiva sensível*. Em *La ironía*, Vladimir Jankélévitch sustenta que essa forma do humor possui a virtude do ausentar-se, promove um distanciamento e um situar-se "em outra parte" que nos tornam capazes de fazer "outras coisas". A ironia é uma arte de acesso a outras disponibilidades. O irônico torna-se "mais livre" à medida que atenua uma "urgência vital" e passa a ser capaz de "brincar com o perigo". Com a ironia, o "pensamento recobra o fôlego e descansa de sistemas compactos que o oprimiam" (Jankélévitch, 2015).

Mais ou menos na mesma direção estão algumas páginas particularmente alegres do pensador italiano Franco Berardi, conhecido como Bifo, para quem a ironia acaba sendo uma parte essencial e definidora do contrapoder em épocas de semiocapitalismo.[1] Em seu livro *Fenomenología del fin*, Bifo afirma que, ante um mundo que tende a se organizar em consonância com signos previamente

---

[1] Relativo ao capitalismo que transforma tudo em signo, em sistemas de significação; também chamado de capitalismo semiótico. [N.E.]

compatibilizados (o projeto desistorizante de informatização e algoritmização da linguagem humana), "os movimentos sociais podem ser vistos como atos irônicos da linguagem, como insolvências semióticas" (Berardi, 2017). É na ironia não cínica, como ato sutil da inteligência, que se torna possível um tempo distendido. A inteligência retoma assim sua relação com a sensibilidade e é capaz de ler os signos não ditos. Paciência e ironia eram as virtudes dos bolcheviques mais apreciadas por Lênin.

As leituras desses anos dão voltas em torno de uma crise da inteligência, da ruína de uma inteligência desconectada da sensibilidade, e de uma sensibilidade danificada. Essa desconexão bloqueia a livre relação entre corpos e signos, além de favorecer a delegação da criação dessas relações a mecanismos do tipo algorítmico, de cujas implicações Pablo Rodríguez fala com conhecimento de causa em seu livro *Las palabras en las cosas*.

O problema crucial da sensibilidade está muito presente em textos de autores como León Rozitchner (com relação ao terror religioso e político), Rita Segato (sobre a violência patriarcal contra comunidades e mulheres) e Suely Rolnik (acerca da disputa com as micropolíticas neoliberais). As leituras desses anos entram em jogo com a irrupção dos movimentos feministas e, em geral, com a história dos direitos humanos na Argentina. Corpos e textos parecem querer comunicar o mesmo: a impossibilidade de relançar o político externamente a uma nova centralidade do erótico, do sensual e do sensível.

SOBRE O GOVERNO DAS EMOÇÕES

As técnicas de gestão da sensibilidade são peças-chave do domínio neoliberal. Andrés Fuentes tem pesquisado as casas de aposta da Grande Buenos Aires como um caso paradigmático do capitalismo contemporâneo. Os bingos funcionam sobre o plano micropolítico fazendo a ponte entre desejo e regras de controle. Seu livro *La cueva de los sueños: Precariedad, bingos y política* oferece uma radiografia completa dessas técnicas de modulação emocional que atuam convocando para o jogo, a magia e o acaso a fim de desenvolver toda uma série de disposições verticais que regulam o fluxo emocional dos jogadores.

O governo das emoções acaba sendo inseparável de certa "eficiência terapêutica", de uma capacidade de canalizar uma torrente de afetividade postergada, de anseios lúdicos que vão ao encontro do aleatório. Trata-se de uma ação micropolítica quase imperceptível, que atua em um momento "anterior", por assim dizer, ao da cena da política visível. Se a cena convencional da política se apresenta como um contínuo formado por momentos de relativa previsibilidade, raramente interrompido por eventos extraordinários, é porque é precedida de uma "política silenciosa", na qual se constrói e se adapta a percepção à norma, embora paralelamente também possa acontecer de se atribuir "a produção de maneiras de fazer as coisas diferentes ao contínuo da normalização estratégica" (Fuentes, 2018). O desvio, o aspecto centrífugo, engendra-se também em um nível infinitesimal, sobre um solo enlameado e difuso, em um tempo "híbrido", no qual as coisas passam por estados indizíveis (suscetíveis de "transições não lineares") para depois sedimentar, repercutir ou então projetar suas derivas sobre a cena da política visível. É no âmbito micropolítico, nesse estrato quase inaudível, que os acontecimentos históricos são favorecidos ou bloqueados. Fuentes afirma que

> a gestão das grandes paixões implica uma regulação pós-modernizada e exitosa da vida, o que nos obriga

a prestar atenção nelas e investigá-las politicamente. Tinelli,[8] o pornô, os jogos de azar, as séries, o futebol, o evangelismo. Ao menosprezar essas máquinas terapêuticas, vamos armando as premissas das grandes derrotas sociais de uma época. (Fuentes, 2018)

O caráter exemplar de cada um desses dispositivos se enraíza na enorme flexibilidade que têm para conter a lacuna entre o desejo e a regra vertical que lhe dá contorno, e, em última instância, sua eficácia exclusiva refere-se à conformação de uma sensibilidade. Apesar disso, é fundamental ressaltar até que ponto a eficácia da ofensiva sobre a sensibilidade nunca é total: a formação do campo sensível é um processo sempre aberto, que extravasa, híbrido, e no qual atuam tanto processos de subordinação como de criação própria de novas formas.

SOBRE A DESUTOPIA

A utopia nasceu como uma modalidade da crítica. No século XVI, a comunidade imaginada por Thomas More se enfrentava com a Inglaterra da acumulação primitiva do capital. Com o passar do tempo, a utopia se traduziu em certa complacência da vontade, em um modo de espera repleto de boas intenções e particularmente irritante por sua insistência em sustentar a esperança e a fé no futuro, apesar do curso obscuro das coisas. Contra esse estado de ânimo, Christian Ferrer escreveu uma crítica notável da razão progressista. Seu livro sobre Ezequiel Martínez Estrada, *La amargura metódica*, é um tratado de

---

[8] Marcelo Tinelli (1960), popular e polêmico apresentador e produtor de programas de entretenimento na televisão argentina. [N.T.]

impugnação do pensamento em fuga para adiante, incapaz de problematizar o presente sem sucumbir à promessa de um porvir já sempre capturado pelo futurismo do capital. O método consiste em resistir a toda tentação evolutiva, até chegar ao ponto, se necessário, de permanecer sem desejo de acreditar; apoderar-se inclusive da crueldade, que em Martínez Estrada é amor e até somatização, a fim de aprender a ver para além da ilusão. Ferrer destaca o poder contido em se dizer "não". Ácido e de movimentos lentos, o antiprogressismo tem como reverso um desejo de regulação comunitário dos fluxos econômicos e tecnológicos que mobilizam a sociedade.

A "amargura metódica" não é necessariamente um pensamento triste, e no fundo talvez tampouco seja antiutópico. Interromper o movimento evolutivo pode ser uma oportunidade para encarar a fera, mas também para encontrar aspectos laterais inesperados. Existe em Ferrer uma vocação por retomar o pensamento como forma de vida, um projeto de subtração relativo às ciências especializadas nas emoções que organizam, de maneira sofisticada, um amplo cardápio de técnicas de gestão do anímico. Os afetos que a amargura está disposta a percorrer não buscam o nirvana nem a felicidade, mas uma disposição rumo ao que Spinoza chamava de "ideias adequadas", que são para ele as que expressam maior causalidade e, portanto, liberam mais potência de existir. As ideias adequadas, além disso, possuem valor extra, pois tiram de circulação aquelas que já não servem mais.

SOBRE AS CARTOGRAFIAS

Entre os valores espirituais que podemos situar ao lado da ironia, dos quais a amargura parece ser uma variedade menos leviana ou menos desapegada, Benjamin sugere a seguinte lista: a confiança, a coragem, o humor, a astúcia e a tenacidade. São faíscas de uma espécie de inteligência que brota no desenvolvimento da luta de classes e que liga o âmbito ideal ao corporal, rompendo com a separação cristã — ou burguesa — entre bens grosseiramente materiais e processos subjetivos, e questionando retroativamente, repetidas vezes, qualquer vitória dos dominadores. Félix Guattari, que pesquisava esse tipo de trama, inventou um método cartográfico para abarcar modelos complexos de subjetivação que permitem pensar a tensão entre modos de vida padronizados e a criação de formas de vida como expressão central do que podemos, atualmente, pensar ser a luta de classes.

Entre as noções que, no começo dos anos 1990, Guattari elaborou com Gilles Deleuze para pensar essa distinção, encontram-se as de "afectos" e "perceptos". Os primeiros se extraem dos sentimentos; os segundos, das percepções. Os afectos são variações da potência de existir, as quais deslocam e descentram aquilo que nos sentimentos pessoais tende à estabilização. Os perceptos são visões alcançadas sobre aquelas variações que desnormalizam as percepções. Sentir e ver participam da ordem dos devires, dos momentos de subtração ou de excesso no que diz respeito às estratégias de modulação.

Guattari parece ter sempre tido clareza de que acabava não sendo fértil separar artificialmente as micropolíticas — ou seja, a criação e/ou a estabilização dos afectos e das visões da macropolítica — enquanto lógica das forças constituídas e de suas relações. Uma vez que se trata de dimensões inseparáveis, a importância de sustentar essas distinções é de ordem pragmática: ampliar a analítica permite encontrar matizes, enriquecer as estratégias.

SOBRE O POPULISMO

Nos escritos de Ernesto Laclau, é possível encontrar uma atraente teoria política de esquerda, inspirada em um cruzamento original entre lacanismo e peronismo como alternativa pós-marxista ao neoliberalismo. As categorias da teoria populista souberam funcionar como fonte conceitual da ciência política para dar conta do fenômeno dos assim chamados governos progressistas da América Latina (e, até certo ponto, por meio de Jorge Alemán, do Podemos, na Espanha). A influência do populismo teórico acaba sendo inseparável da experiência desses governos e de suas articulações com os movimentos populares.
O populismo é uma teoria da política e da subjetividade que confia na articulação discursiva daquelas demandas que a ordem liberal insiste em excluir. Tem se mostrado útil para descrever o movimento construtivo que se abriu em um contexto no qual as forças da crise deslegitimaram a ordem neoliberal e se dispuseram a construir uma nova representação política. Se uma sensibilidade de corte autonomista imaginou essa construção política como produto do amadurecimento de mediações transversais, a descrição populista captou, de maneira mais precisa, a dinâmica que se coloca em jogo uma vez ativada a articulação do tipo vertical em torno do Estado. Seu ponto forte era combinar formalismo conceitual (o populismo como ontologia da política) com realismo político (a necessidade de um eixo vertical de integração das demandas populares), embora talvez esse também seja seu ponto fraco. Sua excessiva confiança na instância da articulação simbólica como horizonte de constituição do campo subjetivo e do político, aliada a um interesse modesto por suas determinações materiais, tirou-lhe a capacidade para pensar a persistência

e a influência das micropolíticas liberais, que não precisam controlar o Estado para criar modos de vida.

O fato é que o neoliberalismo, como sustentam Christian Laval e Pierre Dardot em *A nova razão do mundo*, não precisa ganhar eleições para governar. A mesma imprecisão do termo, a qual torna tentador deixá-lo de lado, é que sob um mesmo nome se reúnem funcionamentos muito diferentes: uma dinâmica de reestruturação capitalista, uma conjuntura identificada com o Consenso de Washington dos anos 1990, certas micropolíticas específicas e um partido político pró-empresarial. Sua potência colonizadora se desenvolve sobretudo no plano dos hábitos coletivos e individuais, e opera sobre as zonas cegas da razão populista, com a qual compartilha em parte uma complexa genealogia que remonta às tecnologias de poder do cristianismo e do período colonial.

A vitória de Mauricio Macri nas eleições argentinas do final de 2015 atualizou a necessidade de aprofundar as pesquisas a respeito da influência das micropolíticas neoliberais sobre os governos chamados populistas. Enquanto as esquerdas marxista-leninistas voltaram sua crítica política direta a esses governos, com a intenção de mostrar suas inconsequências e disputar politicamente as massas nas quais eles se apoiavam, e exigindo-lhes uma radicalização programática rumo ao socialismo, outra crítica de esquerda procurou assinalar a insuficiência da teoria populista da subjetividade para problematizar e ir além do neoliberalismo. O que a teoria do populismo deixa pendente é um forte sentido de crítica ao campo neoliberal, capaz de retomar o saber acumulado pelo protagonismo coletivo durante a crise.

Segundo essa última perspectiva, a teoria da articulação populista revela sua pobreza no plano prático. Em primeiro lugar, por sua incapacidade de valorizar uma riqueza plebeia, que não necessariamente se adéqua ao esquema no qual funciona a hegemonia, enquanto amálgama discursivo de demandas. Em segundo lugar, também por sua incapacidade de se sobrepor à ofensiva das micropolíticas neoliberais sobre o âmbito da sensibilidade. Ainda que a teoria populista acerte ao mostrar que a articulação hegemônica é imanente às operações que atravessam as lutas particulares, ela falha ao idealizar a esfera política como modelo racional e como lógica de comunicação. A vigência de Guattari como pensador político fica evidente quando se assume que o sensível se tornou um campo de batalha. Suas cartografias micropolíticas têm maior afinidade com as subjetividades da crise. Sua perspectiva sobre as dinâmicas que ele chama de moleculares aborda uma compreensão possível, ali onde o ponto cego do populismo conduz a um impasse, a um estado de perplexidade produzido pelo fato de que as mutações operadas durante a década passada não confirmam seus pressupostos.

Citar Guattari nesse contexto remete a intermináveis discussões sobre a analítica do desejo na política: o que as teorias populistas trazem de Lacan, o que Guattari propõe como esquizoanálise etc. Aqui me limito a resgatar duas de suas contribuições: a observação de que o capitalismo opera ativamente sobre o plano do desejo, preenchendo a lacuna entre criação de modos de vida e realização de mercadorias, ou seja, equiparando produção econômica e produção de subjetividade; e a designação dos processos de autonomização que se dão no plano micropolítico do desejo, os quais permitem criar situações subjetivas e políticas novas.

O tipo de investigação que se enfronha no campo micropolítico permite compreender a coextensão entre luta de classes e produção de modos de vida, e captar potências antes que se cristalizem como mutações nos laços sociais. É um método que deve se ocupar em desenvolver aqueles que são seus principais interessados: um arco amplo de artistas, docentes, terapeutas, trabalhadores da área social, ativistas sindicais, de gênero e de direitos humanos, jornalistas e comunicadores, intelectuais, designers, programadores — em suma, todos aqueles que desejem se assumir como sujeitos ativos no processo de produção de subjetividade. Isso significa um tipo de investigação que coloca a reflexão sobre as práticas dessas figuras no mesmo cerne do campo de batalha. Em outras palavras, a criação de subjetividade acontece com base em um campo subjetivo polarizado: de um lado, um polo padronizador que ecoa os modos de vida em torno dos processos de valorização do capital; de outro, um polo singularizante — sintomático, dissidente ou esquizo — que cria formas de vida como processos de autovalorização. O que Guattari perseguiu toda sua vida foram esses vetores de particularização em um campo social polarizado.

SOBRE AS MEDIAÇÕES

Se a política pode ser entendida como o conjunto de procedimentos por meio dos quais o âmbito social dá forma a si mesmo, uma maneira de avaliá-la é considerar as mediações em que e pelas quais essas formas sociais se engendram, sofrem mutações ou se conservam. Se prestarmos atenção à América do Sul nas últimas décadas, talvez seja possível dizer que a qualidade dessas mediações foi disputada em torno de uma compreensão não reacionária e não restritiva da produção de movimentos populares e organizações sociais (ou seja, a constituição de um tecido social a partir das camadas baixas); de um entendimento complexo da força do neoliberalismo, visto como um dispositivo governamental cujos mecanismos funcionam como uma macropolítica e, ao mesmo tempo, como uma micropolítica; e de uma percepção positiva da criação de momentos de autovalorização. A forma que adquirem, por fim, essas mediações remete, de modo direto, tanto ao conteúdo da democracia quanto à capacidade de projeção regional de um espaço capaz de tomar decisões de alcance global.

A filósofa argentina Flavia Dezzutto caracteriza a mediação política "progressista" como precária e conservadora, uma vez que debilita e interdita a potência autônoma dos movimentos populares. Além disso, esse tipo de mediação tem se mostrado frágil na hora de oferecer resistência aos oportunismos de mercado, à petulância racista ou sexista e ao exercício pornográfico das hierarquias sociais. A mediação neoliberal dos conflitos sociais e territoriais, por sua vez, assume a forma do que a socióloga e ativista mexicana Raquel Gutiérrez Aguilar qualifica como "opacidade estratégica": um tipo de atrofia perceptiva própria dos traços mafiosos da acumulação que articula violência territorial e informalização de dispositivos financeiros, muito evidentes nas economias neoextrativistas. O próprio processo democrático se debilita e retrocede ante esse tipo de mediação que reconfigura os territórios por meio da extensão de mecanismos financeiros, principalmente o da dívida, cujo efeito principal é fazer intervir formas obscuras de soberania e de controle sobre as comunidades.

SOBRE O NIILISMO

Perpassar a decepção, renunciar ao discurso utópico, superar as boas intenções, deslocar-se do moralismo para a estratégia. Ou devemos, por acaso, nos resignar ao fato de que o desejo de revolução abandona o campo histórico político para se sublimar na ilusão? Spinoza escreveu que as ideias amputadas, desconectadas da ordem causal, restringem a liberdade. Elas apenas expressam resignação, e sobre essa base se assenta a grande articulação do âmbito teológico-político. O spinozismo é uma arte bélica sutil inserida na filosofia e na política, que busca substituir o princípio da obediência pelo da experimentação e da democracia, partindo de uma rigorosa reflexão sobre o espesso tecido causal que determina os sujeitos.

Na obra de León Rozitchner, é possível encontrar uma atualização desse projeto democrático-spinozista:

> Se a guerra está na política como violência encoberta na legalidade, trata-se de aprofundar a política para encontrar nela as forças coletivas que, por sua entidade real, estabeleçam um limite ao poder. A guerra está presente desde antes, mas encoberta. Por isso dizemos: não se trata de negar a necessidade da guerra, apenas de afirmar que é preciso encontrá-la por meio da política, e não fora dela. Porque do que se trata, na política, é de suscitar as forças coletivas sem as quais nenhum aparato poderá por si próprio vencer na guerra. (Rozitchner, 2003)

Em Rozitchner, a preocupação referente à contraviolência tem a ver com o que poderíamos chamar de um erotismo: a experiência da relação entre os corpos em termos de fruição ou desejo, sem a qual a experiência política dos contrapoderes se deteriora e declina. A disputa pela sensibilidade tem por objetivo último o saber dos corpos que a razão pura não chega a compreender, como noções comuns capazes de afirmar a realidade para além do niilismo e de sua paixão pela ilusão.

SOBRE O QUE SABEM OS CORPOS

A fórmula do povo que luta e da filosofia que pensa, cunhada por Rozitchner, deve ser considerada à luz do que Silvia Schwarzböck chama de "vidas de direita". Em seu livro *Los espantos: Estética y postdictadura*, a autora se refere ao tipo de existência levada por nós, os habitantes do mundo pós-histórico, dominado por aqueles que aniquilaram o projeto das organizações revolucionárias dos anos 1970. As vidas de direita transcorrem nesse universo de pós-ditadura, no qual toda política ficou neutralizada por meio do emprego de um dispositivo cultural específico: os vitoriosos na luta de classes são dispensados de refletir publicamente sobre seu triunfo, e aos vencidos sobra apenas a mera narração do que aconteceu, um testemunho sem política. Não há espaço fora da cultura da democracia: a esquerda se reduz à sala, à universidade e à literatura. Já não há luta.

Vistas com base na ausência de um projeto revolucionário, na desaparição dos corpos que o encarnaram e na eficácia do dispositivo despolitizador da pós-democracia, as vidas de direita são uma verdade tão triste quanto irrefutável, salvo pelo fato nada banal de que é difícil introduzir nessa cena os movimentos indígenas, comunitários, feministas, de trabalhadores precarizados e tantos outros, que formam parte ativa do campo de batalha contra o dispositivo pós-democrático.

Ao longo deste livro, tentaremos distinguir duas noções que giram em torno do termo *vida*. Se, por um lado, chamaremos de *modos de vida* toda existência que almeja uma adequação imediata aos protocolos de compatibilidade que a dinâmica da axiomática capitalista oferece — as vidas de direita seriam então existências deduzidas de maneira direta dos vínculos propostos pelo domínio do capital —, por outro, utilizaremos a noção de *formas de vida* para toda deriva existencial na qual os automatismos tenham sofrido curto-circuito. As formas de vida supõem assim uma dedução de outro tipo, ligada, como veremos, à noção de sintoma, àquilo que não se enquadra, à anomalia: a um mal-estar que se faz carne no corpo.

SOBRE A OFENSIVA SENSÍVEL

A consagração da cultura da normalidade na Argentina recente possui uma breve história que pode ser simplificada em três sequências: em uma primeira instância, a explosão das subjetividades da crise em torno das experiências do ano de 2001; depois, a formação de uma vontade de inclusão que se manifestou, sobretudo, durante o período 2008-2013 e da qual nos ocuparemos no segundo capítulo; e, por último, o desejo micropolítico de integração ao mercado, cuja expressão mais plena se deu no período 2013-2017, e sobre o qual refletiremos no primeiro capítulo. As perguntas deste livro são, também, basicamente três: de onde o fenômeno liberal tira sua força?; por que a vontade de inclusão ficou reduzida a ser sua alternativa frágil?; e é possível aprender politicamente a partir do potencial cognitivo da crise? Para dizer de outro modo, o que *A ofensiva sensível* tenta fazer é se interrogar sobre a possibilidade transformadora da política, partindo de uma leitura micropolítica da conjuntura argentina entre os anos 2001 e 2019. O tempo histórico que começa a ser vislumbrado após a contundente derrota de Macri nas eleições primárias de agosto de 2019,[9]

---

[9] Derrota confirmada na eleição presidencial em outubro daquele mesmo ano, vencida no primeiro turno por Alberto Fernández. [N.T.]

tempo de disputa entre a vontade democrática e o poder disciplinador do mercado, torna urgente a elucidação dessas questões.

Se a irrupção das ruas em 2001 interrompeu o ciclo da pós-ditadura, nas últimas décadas a vontade de inclusão e a cultura da ordem neoliberal buscaram reescrever, *do zero,* o campo social. No primeiro capítulo, veremos que essa ordem neoliberal, apresentada — inclusive por alguns dos seus críticos — como um modo de domínio fundado na liberdade (ou seja, no livre cálculo individual de custos e benefícios, na liberdade para consumir coisas, afetos e ideias), acaba por evidenciar sua profunda intolerância ao sintoma e às formas de vida que identifica com sua própria crise. Se, durante sua breve etapa otimista ou voluntarista, a ordem neoliberal operou por meio do coaching, após a perda de controle sobre os equilíbrios sociais básicos ficaram ressaltados seus traços fascistas: vemos assim que ela vai contra tudo aquilo que, no campo social, aparece como sintomático ou anômalo; contra tudo o que na vida busca suas próprias verdades sem se submeter automaticamente ao desejo de mercadoria do qual depende a acumulação de capital.

A vontade de inclusão não soube se constituir como uma alternativa forte perante a ordem neoliberal. No segundo capítulo, veremos de que maneira a teoria populista entendeu a disputa no plano da subjetividade como uma luta pelo campo simbólico, que deveria ser travada, por meio da centralidade do Estado, nos âmbitos da cultura e da comunicação. Ela supôs que o controle do poder político e o aumento do consumo desembocariam em um triunfo no plano das ideias, e ignorou, assim, um ensinamento perdurável das revoluções socialistas do século XX: em nossas sociedades, a lei do valor é o principal poder subjetivador. Certamente aquelas revoluções não encontraram soluções para esse problema, mas chegaram, ao menos, a identificá-lo adequadamente, o que deixou o caminho aberto para que pudesse ser retomado por novas perspectivas. A debilidade dos populismos se relaciona de fato com a falta de vocação para repensar problemas desse tipo.

No terceiro e último capítulo, inverteremos o ponto de vista. No lugar de uma leitura crítica de políticas e teorias, buscaremos retomar o gesto irreverente ou plebeu que irrompe, com frequência, para instalar as premissas de uma pergunta extrema: ainda hoje perdura, ao menos como projeto, a possibilidade de criar uma política igualitária ou libertária? A esquerda maquiaveliana do século XX — de Antonio Gramsci a Maurice Merleau-Ponty, de Claude Lefort a Louis Althusser, passando por Toni Negri — leu tanto o florentino quanto Marx como chaves de uma crítica que se abre a uma práxis, segundo uma concepção aberta da história, para a qual o aleatório se faz presente como testemunho da resistência de uma parte do povo a ser governado pelos poderosos. O príncipe coletivo é o povo que se constitui como vontade de um novo projeto histórico, como desejo que implica um potencial cognitivo a se desenvolver como força instituinte.

A expressão "ofensiva sensível" surgiu em uma conversa recente, em um 8 de março. Ela não pretende dizer nada em particular sobre o âmbito sensível em si, mas advertir, como Rita Segato ou Franco Bifo Berardi vêm fazendo, sobre até que ponto o sensível tem se transformado em um campo de batalha. Henri Meschonnic sustenta que a modernidade de qualquer tempo histórico consiste em sua capacidade de fugir de sua época. A fórmula para o que ele entende por historicidade é a seguinte: linguagem que cria forma de vida e forma de vida que cria linguagem.

A sensibilidade remete a um máximo de corporalidade na linguagem.

O spinozismo implícito nessa fórmula afirma que não se sabe nunca o que pode um corpo na linguagem. Talvez, mais que uma afirmação, trate-se de uma pergunta pela democracia.

ID # CONTRA A POLÍTICA DO SINTOMA: DO NEOLIBERALISMO AO NEOFASCISMO

1
FORMA DE VIDA E POLÍTICA DO SINTOMA

Em alguns textos clássicos do século XVII, encontra-se a ideia de que a vida humana não é mera consistência orgânica, e sim forma ou modo de ser. Em *Tratado político*, Spinoza escreveu:

> Quando dizemos, portanto, que o melhor Estado é aquele em que os homens levam uma vida pacífica, entendemos por vida humana aquela que se define não apenas pela simples circulação do sangue e outras funções comuns a todos os animais, mas, acima de tudo, à razão, verdadeira virtude e vida da alma. (Spinoza, 1986)

Mais adiante, é possível ler, em *Ética*: "Por virtude e potência eu entendo a mesma coisa" (Spinoza, 2002).

A vida humana é *potência de existir*. Poder de fazer e de pensar. Não existe vida sem modos ou formas de vida. E o processo de sua constituição — a fábrica da potência —, sua *historicidade*, remete invariavelmente aos outros.

Existe, então, uma relação direta entre vida virtuosa e vida em comum, ou "melhor Estado". Uma sociedade pacífica e certas instituições democráticas constituem os limites políticos da própria definição da forma de vida virtuosa.

Quando se presta atenção aos mecanismos que governam a vida contemporânea, fica evidente o enorme peso dos dispositivos neoliberais na constituição desses modos de existência. Proponho, assim, imaginar uma distinção não mais entre vida orgânica e vida virtuosa, mas entre *modos* e *formas* de vida. Segundo essa distinção, os modos de vida seriam os meios possíveis de viver tal como é oferecido pelo mercado, prontos para seu consumo, enquanto as formas de vida suporiam um questionamento de automatismos e linearidades, e partiriam, portanto, de certa incompatibilidade sensível aos imperativos de adequação relativos à pluralidade de ofertas possíveis. Do lado dos modos de vida, restaria um suposto saber viver; do lado das formas de vida, um não saber viver, ou um incessante aprender. Coexistindo com a compulsão mercantil por aproveitar a vida, proliferam assim vitalidades anômalas, obscuras, cujas verdades não vêm dadas de antemão, mas surgem de processos de ruptura, crises e deslocamentos existenciais. De agora em diante, será adotada essa nomenclatura; contudo, é importante notar que *modo* e *forma* não são polos nítidos e excludentes, mas apenas um esforço de captar duas direções incompatíveis: padronização e singularização.

Embora não seja fácil retomar a linguagem do século XVII para falar da atualidade — já que, de alguma maneira, temos de fazer intervir a questão do peso dos dispositivos neoliberais de criação e captura de modos de vida —, há um aspecto no qual as coincidências acabam por ser iluminadoras. Como demonstrou Jonathan Israel em *Iluminismo radical*, o spinozismo foi um projeto ativo disposto a enfrentar a intolerância e a censura de seu tempo, uma alternativa à ilustração moderada, uma crítica radical de sua época. Essa intolerância religiosa de então talvez não esteja tão desvinculada da intolerância que a economia neoliberal da atualidade possui com relação à vida, e em particular com a vida insubmissa.

O próprio termo "neoliberal" é impreciso e abstrato. Inevitável, mas pouco eficaz. Seu uso mais comum contém ao menos dois sentidos distintos. Neoliberal é a dinâmica de reestruturação das relações sociais capitalistas que, a partir dos anos 1970, outorgou ainda mais poder ao capital sobre o trabalho, a ponto de incluir a vida inteira na esfera de sua valorização. Mas neoliberal também é o projeto político que procura alinhar a vida sob a forma empresa (empresa capitalista, entenda-se) como a unidade mais elevada e digna da ação coletiva. Se o âmbito neoliberal é interpretado como a modalidade de capitalismo atual, podemos dizer que não há um fora do neoliberalismo; se nomeia um partido político entre outros, podemos então falar de partidos não neoliberais, que, a depender do caso, buscam superar o capitalismo ou, como alternativa, aspiram a um diferente. Os dois sentidos do campo neoliberal (de um lado, certas condições globais, estruturais, e, de outro, um programa, uma fração política) convergem em um ponto estratégico comum: o neoliberal remete, em todo caso, ao controle do capital sobre a vida, e seu triunfo supõe o bloqueio da relação aberta entre criação de formas de vida e vida em comum. Esse triunfo instaura um novo tipo de teologia política.

O teológico-político, ou seja, o âmbito religioso transformado em poder de controle, persiste sob a forma de economia política. Walter Benjamin concebia o capitalismo como uma religião fundamentada na universalização da culpa e da dívida e na conversão do mundo em consumo. Em seu escrito póstumo "O capitalismo como religião", lê-se que "o capitalismo serve essencialmente à satisfação dos mesmos cuidados, tormentos e desassossegos aos quais antigamente as chamadas religiões costumavam dar uma resposta". Trata-se, para ele, de uma religião que "não conhece nenhum dogma especial", do "primeiro caso de um culto que não expia a culpa, mas sim a gera" (Benjamin, 2016). O capitalismo consuma a separação entre matéria e espírito já presente no cristianismo. Herda da religião essa essência que Giorgio Agamben resume em uma frase: a pura forma da separação, sem que exista nada a separar. E é essa separação que, segundo Marx, caracteriza a forma mercadoria, objeto sensível recoberto de um corpo suprassensível (o fetiche), corpo indivisível cindido em valor de uso e de troca. Essa divisão cristã, estendida a todo o processo de produção de mercadorias no capitalismo, substitui o uso pela troca também no que concerne ao corpo humano, à sexualidade e à linguagem.

Avançar pelo caminho oposto ao do campo teológico-político significaria enfatizar a noção de *historicidade*, que retoma a relação aberta entre forma de vida e vida comum. É o que propõe Henri Meschonnic, para quem a historicidade é linguagem que cria formas de vida, e vida que cria linguagem. A historicidade é tempo intempestivo no qual se produz uma fuga do contemporâneo, que é combatido. A fórmula da historicidade é spinozista e se opõe ao teológico-político porque nela há o intuito de restituir uma liberdade que se perde quando se interioriza qualquer ordem de modo religioso. Se o teológico-político moraliza os afetos, verticaliza a linguagem, dualiza a existência e impõe um poder sobre os corpos, a historicidade põe o corpo na linguagem, reivindica a potência do corpo sobre a linguagem, exalta sua carga pulsional. Ela é, portanto, a experiência política e poética na qual são criadas formas de vida. Trata-se do que *podem* os corpos na linguagem, nos limites do âmbito político.

Se o *modo* de vida ecoa os modelos de consumo e de valorização, e a *forma* de vida supõe processos de autonomia — no sentido estrito de dar-se às próprias normas —, a vida se apresenta, entre ambos, como mal-estar ou *sintoma*. O filósofo catalão Santiago López Petit é quem leva mais longe a ideia do mal-estar como anomalia da vida. Em seu livro *Hijos de la noche*, ele afirma que, após a derrota do movimento operário e da reestruturação neoliberal, já não existe elemento fora da realidade comandada pelo capital, de modo que os processos de verdade não ficam ao lado da descrição do que existe (descrever o que existe é redundante ao capital), mas ao lado dos gestos que produzem deslocamentos e fissuram a realidade. O sujeito de uma política do mal-estar não é mais o revolucionário, e sim aquele que poderíamos chamar de *sintomático*. Os filhos da noite são aqueles que não cabem neste mundo. Com o pânico, o estresse e a angústia, multiplicam-se os diagnósticos inespecíficos de padecimentos vinculados a um desejo que não consegue se adaptar às exigências conectivas dos modos de vida triunfantes. O sintoma é um signo que torna visível uma inadequação da vida à realidade. Seguindo essa linha, o coletivo catalão Espai en Blanc [Espaço em branco] fala de uma "política noturna", que se opõe à política diurna, auxiliada pelos poderes terapêuticos sobre a existência. Uma política noturna supõe uma mudança de registro visual, assim como ver para além do óbvio e das promessas que estruturam a realidade. Ver é ler sintomaticamente, politizar o mal-estar ou, como no fim de *Hijos de la noche*, ler Marx com Artaud.

O neoliberalismo é inseparável de determinado tratamento do sintoma. Seja em seu aspecto amigável ou de coaching, seja em uma dimensão repressiva ou intolerante. Em todos os casos, sua relação com o sintoma está orientada para o controle; e sua preocupação de última instância, no que se refere ao desejo, é evitar que se abra uma lacuna relativa ao processo de valorização. Daí sua estrutura paranoica. O sintoma é a ameaça potencial de uma crise não controlada, a abertura de um abismo catastrófico. O campo neoliberal significa simultaneamente ordem econômica e pedagogia severa, que se dá como celebração do indivíduo possessivo, e não por uma ideologia repressiva em um sentido proibitivo ou disciplinar. Trata-se, pelo contrário, de uma voz de comando que normatiza e modula a vida.

O atual impasse do âmbito político talvez possa ser explicado com base nessas premissas. Uma política do sintoma supõe a adoção do ponto de vista da crise, como também uma escuta, uma aliança com o sintoma, e a mobilização dos saberes nele contidos. O medo da crise, pelo contrário, funciona cada vez mais como uma maneira de reforçar a ordem. Por isso o impasse atual do âmbito político se joga na relação entre neoliberalismo e crise.

Se passarmos da crise como categoria imanente à ordem (aquela com a qual se ameaça a força de trabalho tendo por objetivo reduzir os salários) para a crise que intimida a dinâmica de acumulação do capital, veremos que o que ela está expressando, na verdade, é a incapacidade do domínio do capital para afiançar e estender seus dispositivos de subjetivação. Mais que uma crise de hegemonia, no sentido ideológico ou discursivo, é uma crise dos mecanismos de modulação do desejo, de absorção do que é vivo nas categorias do capital.

A crise expressa uma perda de eficácia na capacidade de produzir ou captar modos de vida. Por isso se conecta ao mal-estar (a doença e a depressão, a ansiedade e o sentimento de humilhação, o isolamento e a incomunicabilidade) na condição de fonte de processos de politização não convencionais, mas não por isso necessariamente destinados a se transformarem em um desafio aberto à ordem. O sintoma não é a revolução, apesar de ambos, sintoma e revolução, adquirirem relevância histórico-política quando enquadrados na dinâmica da luta de classes, e a perderem quando saem dela: o sintoma é confinado à clínica; a revolução, à história ou à teologia.

A revolução não está em marcha, embora existam devires revolucionários. Talvez não exista hoje uma tradução política desses devires, mas pode haver uma escuta política dos sintomas que estão na sua origem.

O GOVERNO DAS FINANÇAS

Entre a reestruturação do capitalismo dos anos 1970 e a implosão do socialismo soviético no fim dos anos 1980, foi amadurecendo a impressão generalizada de um mundo único, que tende a realizar os desígnios do mercado global capitalista em territórios dominados por Estados "democráticos". Toda a alternativa a esse mundo único seria um arcaísmo.

Nesse contexto, Foucault trabalhou de maneira inovadora a respeito da noção de liberalismo, estabelecendo relações entre ela e suas pesquisas sobre o biopoder. Em seu curso *Nascimento da biopolítica*, fica explícita a conexão entre uma trama de poder que opera sobre a vida da espécie e o neoliberalismo como governo das condutas; entre o controle capitalista e as novas práticas de governo. Se o New Deal, o *welfare* e o keynesianismo foram uma resposta reformista e uma forma estatal organizada em torno do reconhecimento burguês do trabalho como fundamento do progresso econômico, o neoliberalismo emerge como uma restauração que expressa uma ofensiva contra o poder do trabalho segundo uma reorganização das relações sociais sobre a base de dispositivos de mercado. A substituição dos pactos nacionais pela imposição à força foi paralela ao relançamento de dinâmicas de valorização do capital em escala global, apoiadas em uma nova forma de conceber a cooperação social, em uma revolução tecnológica e em uma inédita centralidade da forma empresa.

Diferentemente do velho liberalismo, que concebia as trocas de mercado como um dado natural, os neoliberais contemporâneos são conscientes da extrema fragilidade e da complexidade dos mercados. Mais que pensar o governo segundo uma ideia de não intervenção no mercado — o célebre "deixar fazer" —, agora se concebe uma inter-relação mútua na qual o Estado deve intervir ativamente para conseguir o bom funcionamento dos mercados, que passam a ser, ao mesmo tempo, dispositivos centrais do próprio governo. A nova razão governamental surge dessa junção pela qual o Estado se transforma em Estado neoliberal, e o neoliberalismo torna-se norma de verdade.

Apesar disso, o herói neoliberal já não é o homem de Estado, mas sim o empresário. O campo neoliberal se apresenta como mandato de extensão da forma empresa em cada âmbito da vida, como extensão da racionalidade econômica até abarcar tudo aquilo que é extraeconômico na vida. Desse modo, Foucault concebe o campo neoliberal como uma fase da acumulação do capital que se baseia em sua relação estreita com os modos de vida, e na qual não se produz capital sem que se crie subjetividade. Como escreveu Maurizio Lazzarato em *Políticas del acontecimiento*, no capitalismo contemporâneo as empresas não produzem apenas mercadorias, mas também o mundo no qual essas mercadorias funcionam como realização do desejo.

Em *Segurança, território, população*, outro de seus cursos daqueles anos, Foucault encontrava os antecedentes e os dispositivos da governamentalidade no poder pastoral, ou seja, no domínio sobre as almas que não passava pela soberania do Estado. A aplicação do cálculo econômico a cada decisão da vida, desde o lugar onde se vive até a quantidade de filhos que se deseja ter, opera como um princípio de individualização segundo o qual cada um enfrenta, com seus próprios recursos e em um contexto de competência e livre eleição, a luta para obter lucros subjetivos e segurança. Em outras palavras, o comando neoliberal se configura pelo conjunto desses dispositivos individualizadores (mecanismos financeiros de endividamento, racionalidade voltada para a questão da segurança, representação política e mediação da existência), por meio dos quais os modos de vida se articulam com a produção do capital.

Vários militantes pós-obreiristas, como Toni Negri e Christian Marazzi, pesquisaram a fundo o fenômeno da produção e o governo da cooperação social durante e depois da reestruturação capitalista dos anos 1970, e sua propagação para além da fábrica. Seu método, inspirado em Marx, tenciona captar o modo como a atividade humana cria valor, mas também o modo como o capital representa esse valor (o modo como ele se apropria), assim como o antagonismo específico mediante o qual as lutas do trabalho vivo antecipam as novas imagens subjetivas. A pesquisa se desenvolve pelo seguinte método: observando-se a qualidade da cooperação social que excede as necessidades, busca-se compreender as formas de exploração (sempre conectadas às formas de domínio) que se montam sobre ela para, finalmente, determinar a tendência ao antagonismo ou à autovalorização do trabalho vivo. Tal pesquisa mostra até que ponto a atividade produtiva se estende ao conjunto da atividade humana (colocando no cerne o conhecimento e o *general intellect* de que falava Marx); verifica a passagem pela qual a velha classe operária dá lugar a novas formas do trabalho e da cooperação social, que se dissemina agora ao conjunto do território e da vida (biopolítica); se esforça por compreender os modos de exploração capitalista sobre as conexões afetivas, intelectuais, linguísticas; e elabora hipóteses antagônicas sobre as tendências autonomistas dos modos de vida.

Na época da subsunção real da sociedade no capital, associada, segundo Marx, ao predomínio da mais-valia relativa — ou seja, a intensificação da exploração por meio da introdução da tecnologia — sobre a mais-valia absoluta — exploração via extensão da jornada de trabalho —, o antagonismo se dá sobre o plano imediato do âmbito social, sobre a vida e seus modos. Uma vez que a produtividade do trabalho se estabelece na atividade coletiva (virtuosismo da linguagem, dos afetos, do conhecimento, dos cuidados, da comunicação), capaz de se reapropriar de segmentos dos meios produtivos e de aprofundar seu desejo de autonomia dentro da fábrica social de um modo concreto, por meio das lutas do trabalho metropolitano em todos os planos da existência, a exigência de renovação do método se torna mais aguda e precisa ser corroborada no plano da organização que Negri chama de âmbito "comum" (e que faz corresponder com a biopolítica foucaultiana). Quando o conhecimento se torna força produtiva que tende a ser dominante e os mecanismos de exploração penetram no *bios*, já não é possível distinguir entre antagonismo social, luta de classes e ciência política.

As principais conclusões das pesquisas pós-obreiristas são, portanto, as seguintes: em primeiro lugar, assinalam que a nova imagem do trabalho se tornou imediatamente social, ligada à máquina e estendida ao território (é *biopolítica*); em segundo lugar, que o papel do capital financeiro é o de atuar como representação de valor, do dinheiro como medida, comando e controle da cooperação social, e da renda como dispositivo privilegiado de apropriação da mais-valia (*biopoder*); e, em terceiro lugar, que as lutas pelo salário social, a reprodução e a criação de forma de vida, lutas que excedem os dispositivos financeiros de captura, tendem a se apropriar da tecnologia e a bloquear a acumulação, gerando crises contínuas (crises de representação do valor).

Essas conclusões permitem introduzir a crise e a luta de classes em relação ao papel que elas têm nas finanças no interior do processo de acumulação, ou seja, para além da habitual distinção entre capital industrial "bom" e capital financeiro "mau". Como afirma Negri, é impossível captar o sentido dessa conexão por fora do tecido imanente entre novas figuras produtivas e a hegemonia das finanças. Contudo, refere-se a um tecido complexo e opaco. Diferentemente do padrão implicado na disposição da produção fabril, o comando financeiro não organiza a produção biopolítica, mas explora a cooperação. O lucro se torna renda.

A crise da acumulação do capital é explicada por Negri pela presença, dentro do próprio capital, da atividade cooperativa, cuja demanda de salário social e defesa do *welfare* tende à autonomia pela via da reapropriação das condições de sua auto-organização e autovalorização. O caráter biopolítico das lutas impugna a relação de representação tanto no nível político — o da legitimação eleitoral do Estado neoliberal — como no nível da representação capitalista do valor-trabalho no interior da relação da subsunção real. Essa dupla impugnação está no coração da crise do neoliberalismo e impede que o capitalismo se consolide sem recorrer a elementos do fascismo que querem destruir o que está em excesso e interromper momentos constituintes pela via repressiva (racismo, sexismo, classismo). O fracasso do chamado populismo de esquerda, a fim de se constituir como alternativa ao campo neoliberal, situa-se exatamente nesse ponto. Sua incapacidade para questionar a dupla representação que fundamenta a hegemonia do capital se evidencia na pobreza de suas hipóteses sobre os usos possíveis das finanças em uma perspectiva do âmbito comum, e em sua pouca predisposição para imaginar formas constitucionais que devolvam poder de decisão às figuras da cooperação. Esse fracasso, contudo, pode se tornar uma boa notícia caso desencadeie um novo alinhamento de alianças e estratégias no enfrentamento das elites neoliberais, e caso resulte em uma nova compreensão da hegemonia que, sem se limitar às práticas discursivas, reconheça o protagonismo das lutas biopolíticas. Diferentemente de formulações como as de Ernesto Laclau, as lutas em torno da reprodução, das formas de reapropriação das tecnologias para que elas não fiquem do lado da soberania e da acumulação, da defesa do *welfare*, da resistência ao racismo, ao sexismo e ao classismo, em suma, das lutas em torno da invenção da infraestrutura e dos direitos necessários para se desfrutar do que é comum, deverão ocupar a centralidade dos processos de produção hegemônica.

O certo é que o controle neoliberal supõe uma politização das finanças. E o governo das finanças reforça a conexão entre propriedade privada e exploração, ao mesmo tempo que instrumentaliza os dispositivos de captura e extração sobre a base da cooperação social estendida. Essa politização das finanças expressa o esforço do capital por manter o monopólio da representação do valor socialmente produzido em um contexto de autonomização da cooperação coletiva. Como costuma dizer Pedro Biscay (membro do conselho do Banco Central da República Argentina entre 2014 e 2017), as finanças se transformam em um espaço de conflito, em mais um cenário da luta de classes, e as chamadas "crises financeiras" podem ser lidas como uma expressão da tendência de autonomização das formas de produção e de vida. Como explica Christian Marazzi em seu livro *Capital y lenguaje*, o governo das finanças consiste em semiotizar e protocolizar a racionalidade de milhões de agentes detentores de dinheiro, em tornar o desejo e a vida compatíveis com a produção de capital.

DA CIDADANIA AO CONSUMO

Em contextos tão diversos quanto o Leste Europeu dos anos 1990 e a América Latina dos 1980, o neoliberalismo funcionou como articulador entre os mercados e as incipientes democracias, com suas promessas de consumo e eleições livres. No caso da Argentina, o neoliberalismo se instaurou pelas mãos da violência terrorista do Estado e se consolidou em tempos de parlamentarismos. O governo peronista de Carlos Menem foi o que implementou com maior coerência as receitas promovidas pelo Consenso de Washington: ajuste dos gastos públicos, endividamento externo, destruição de leis de proteção salarial, privatização de empresas, abertura às importações e orientação geral à valorização do tipo financeira. Desse modo, o período constitucional de 1983 a 2001 pode ser entendido como o corolário de uma remodelação do laço social que, em poucas palavras, produziu a passagem da figura do cidadão (definido pelo salário) à do consumidor (definido pela renda). Essa transição subjetiva e fortemente micropolítica (concretizada na generalização do cartão de crédito e, posteriormente, nas aposentadorias voluntárias) foi reconhecida — e sancionada — pela reforma da Constituição Nacional de 1994, como analisou, à época, o historiador Ignacio Lewkowicz. De fato, no artigo 42 da Constituição argentina, na seção sobre "novos direitos e garantias", outorga-se pela primeira vez o estatuto constitucional aos direitos do *consumidor*: "No fundamento de nosso contrato não há apenas cidadãos; há também consumidores", diz o historiador (Lewkowicz, 2003).

Antes de sua constitucionalização, porém, a figura do consumidor se originava no mercado, tal qual a do cidadão se constituía na esfera jurídica do Estado e a do trabalhador, em sua produção. Se o partido neoliberal mistifica o consumidor como uma nova síntese entre direito e economia, o certo é que no interior da experiência de consumo estão presentes dinâmicas e conflitos que nos enviam novamente ao âmbito da produção e dos direitos, implodindo essa idealização. Do cidadão ao consumidor, a instauração do neoliberalismo pode ser rastreada em uma genealogia da proliferação dos modos de vida que desemboca na *vizinhocracia*: a cultura é o consumo desses modos de vida enquanto norma de integração e, portanto, a aceitação da violência implicada no estabelecimento e na sustentação desses processos de normalização. Uma vez impostos seus termos — as exigências da valorização do capital por meio da subsunção da vida —, a cultura se apresenta como inclusiva e plural: em um mesmo movimento de inclusão e controle, abarca toda a diferença possível, ao passo que intensifica uma vigilância sobre tudo aquilo que não se enquadra.

Há uma cena que deixa isso bem claro. Na cidade de Buenos Aires, no fim de 2010, houve uma série de ocupações de terrenos como consequência de uma altíssima demanda não atendida por moradias. Entre essas ocupações, a que mais chamou a atenção, tanto por parte dos meios de comunicação quanto pelas forças repressivas, foi a do Parque Indoamericano. O governo municipal, naquela época comandado por Mauricio Macri, reagiu às ocupações, denunciando uma "imigração descontrolada" e convocando os moradores vizinhos a resistir à "usurpação". A violência dessas palavras autorizou a violência dos vizinhos contra os ocupantes, acompanhada, depois, por uma violenta repressão da Polícia Federal e do município.

O dispositivo de inclusão-controle que se colocou em funcionamento distinguia, em um primeiro momento, vizinhos (chamados a defender seus direitos) e imigrantes de países limítrofes (colocados, por sua condição, no limite da ilegalidade); em um segundo momento, diferenciava imigrantes trabalhadores ("imigração controlada") e usurpadores (aqueles que levavam adiante ações de protesto exigindo seus direitos). A exasperação da cultura diante daquele que não se enquadra, diante do sintoma, desemboca em violência fascista, a qual fica rapidamente deslocada e recoberta pelos bons modos culturais. Poucos meses depois, durante a campanha eleitoral municipal, Macri conseguiu se reeleger utilizando-se do lema "Você também é bem-vindo": a imagem de uma cidade de portas abertas aos diferentes.

Vizinhocracia e populismo são avatares da cultura do consumidor. Pelo menos é o que se depreende da crítica feita por Slavoj Žižek, em *Contra la tentación populista,* à teoria do populismo de Ernesto Laclau, segundo a qual a diferença entre um populista e um marxista (ou um freudiano) é que o primeiro — seja de esquerda, seja de direita — tende a identificar os problemas com uma "pseudoconcreção" que personifica uma falha (que pode ser o papel das finanças ou, digamos, uma personificação nos imigrantes), ao passo que o segundo lê o sintoma como signo daquilo que não funciona na própria estrutura: não um elemento a corrigir, mas sim uma lógica sistêmica a transformar. O sintoma, para o marxista ou o freudiano, refere-se à própria norma e ao seu modo de produzir o patológico.

Seis anos depois, Macri assumiu a presidência da Argentina. Após a crise de 2001 e os anos de governos progressistas, uma maioria eleitoral consagrou no poder o partido neoliberal puro. Em um trabalho coletivo que desenvolvemos naqueles anos, uma parceria entre a editora

Tinta Limón, o coletivo Juguetes Perdidos, a revista *Crisis* e o blog *Lobo Suelto*, e que virou uma publicação chamada *Macri es la cultura*, arriscamos algumas primeiras hipóteses: as condições de possibilidade desse triunfo eleitoral deveriam ser encontradas nos pontos cegos do modelo de acumulação econômica e do sistema correspondente de tomada de decisões políticas, sobre os quais se sustentou o chamado governo progressista. Seria preciso buscá-las, notadamente, em dois desses pontos cegos: na precariedade das mediações sociais (mediações sociais da e na precariedade) e na propagação, durante aqueles anos, das micropolíticas neoliberais (produção de modos de vida). Se as mediações precárias são uma resposta à ausência de formas políticas próprias, desenvolvidas com base em um contrapoder, o crescimento das micropolíticas neoliberais demonstra até que ponto o campo neoliberal sobrevive e se desenvolve no nível da constituição de hábitos e estratégias, mesmo quando seu partido acaba derrotado. Nos dois casos, o balanço neoliberal das frustrações coletivas deixa patente o fracasso das sensibilidades de tipo igualitárias.

Esses pontos cegos favoreceram o avanço do projeto neoliberal, que, pela primeira vez, se organizava como partido e vencia eleições na Argentina. Seu maior mérito foi oferecer um candidato que atuava como um holograma, como uma imagem que, por si mesma, projetava os valores predominantes na figura do consumidor. A sofisticada comunicação política da equipe de campanha se limitou a identificar o futuro presidente com a emanação mais ou menos espontânea dos imaginários expandidos das práticas comunicativas, do mundo da empresa, dos voluntariados (ONGs, fundações, igrejas) e das redes sociais. A cultura o precedia. Macri foi apresentado como um símbolo adequado ao estado de coisas, como um complemento da neutralização cultural do aspecto político.

Depois da crise de 2001, o desejo de "um país normal" se impôs. Enquanto a tendência progressista entendia isso como vontade de inclusão por meio do consumo e da mediação precária, com o consequente flerte com a crise, o macrismo percebia tudo como pura e simplesmente a integração — também precária — ao mercado, mas já sem concessões populistas. "Normal", então, quer dizer "dócil" às linhas de desenvolvimento e equilíbrio que se deduzem da dinâmica do mercado mundial. O macrismo, essa revanche dos patrões ou do governo dos CEOs, é um intérprete fiel do cúmulo das contradições e falta de transparência acumuladas na fase 2003-2015, sabendo articular as mutações operadas naquele período e reconhecendo fenômenos desdenhados pela preguiça progressista.

A fase otimista-voluntarista, que caracterizou o governo neoliberal durante seus primeiros dois anos, entrou logo em choque com dois obstáculos imprevistos: a capacidade de diversos coletivos sociais de resistir a políticas antipopulares, inclusive por não contarem com uma condução política unificada, e as idas e vindas do próprio mercado mundial, que frustraram o apoio financeiro com o qual o governo contava para absorver todo o resto de insubmissão coletiva. O fim da etapa voluntarista[10] deixou sem conclusão a pedagogia regenerativa do partido neoliberal que o vinculava a um projeto disciplinador histórico, de longo alcance, antes executado por meio de golpes de Estado militares ou da colonização de partidos políticos

---

[10] O ponto de inflexão foi estabelecido em dezembro de 2017, poucas semanas antes da vitória governista nas eleições parlamentares. Por ocasião do trâmite legislativo de um projeto de corte dos fundos previdenciários, desatou-se nas ruas uma forte resistência que, embora não tenha bloqueado a aprovação da lei, abalou a iniciativa reformista do governo. Menos de um ano depois, o governo acabou por entregar todo o poder de decisão ao Fundo Monetário Internacional (FMI).

populares. Essa continuidade histórica do desejo de intervenção cirúrgica sobre a sociedade em favor das dinâmicas da valorização do capital foi categoricamente expressa pela convocação, por parte do então ministro da Educação Esteban Bullrich, para regenerar as classes populares por meio de uma "nova Campanha do Deserto".[11] Não obstante, a novidade do macrismo, nessa linha, foi a organização bem-sucedida de uma força política capaz de ganhar eleições e governar dentro do marco do Estado de direito, convocando quadros empresariais e redes de voluntários para ocupar os cargos públicos.

O declínio da euforia globalizadora dá lugar à paranoia e ao pânico. A obsessão pela segurança substitui a confiança no progresso, e as elites neoliberais se reconvertem à retórica da ordem para tentar ganhar eleições. A mudança de humor é ostensiva ao mesmo tempo nos Estados Unidos, na Europa e na América Latina, e de modo muito óbvio no Brasil. O apelo à xenofobia, ao sexismo e ao classismo surge em resposta e como substituto dos valores do multiculturalismo liberal próprios de uma fase do capitalismo que sonhava com um mundo sem fronteiras, ao mesmo tempo que as administrava com

---

[11] A Campanha do Deserto remete a um conjunto de expedições militares lideradas pelo general Julio Argentino Roca, entre 1878 e 1885, por meio das quais se conquistaram grandes extensões de território até então habitadas por uma série de povos nativos. Atualmente, há consenso suficiente para afirmar que a Campanha do Deserto foi um genocídio, devido a seu declarado objetivo de "exterminar os índios selvagens e os bárbaros dos pampas e da Patagônia". Em uma visita à cidade patagônica de Choele Choel, o ministro da Educação Esteban Bullrich declarou: "Esta é a nova Campanha do Deserto, mas não com a espada e sim com a educação". Cabe destacar que o tataravô de Bullrich, além de ter sido prefeito da cidade de Buenos Aires durante a presidência de Roca, foi dono de uma renomada casa de leilões, na qual foram vendidos muitos dos terrenos obtidos durante a conquista da Patagônia.

crueldade. De Trump a Bolsonaro, o neofascismo contemporâneo atua como último sustentáculo de um programa neoliberal que, apesar da crise de suas premissas globais, não é abandonado como fundamento.

FORMA DE VIDA

Voltemos agora a um conceito-chave deste capítulo. Em seus livros, o filósofo francês Pierre Hadot pensa a filosofia como forma de vida. No início de sua reflexão, há uma crise: educado dentro da Igreja católica francesa, Hadot rompeu esse vínculo, já que não pôde tolerar o modo como a instituição religiosa tratava os casos de pedofilia. A Igreja se mostrava menos preocupada com o dano comunitário do que com a crise de fé de seus sacerdotes, e o filósofo se deu conta de que essa preocupação com seus funcionários era um vínculo negativo com a vida. Sua ruptura com o catolicismo foi de caráter moral, mas também metafísico. O que Hadot censura no catolicismo é seu "sobrenaturalismo", ou seja, sua concepção transcendente da salvação, dependente de um laço com o "além". Essa fé colocada no celestial revela uma desconfiança notável na vida e uma considerável desvalorização da natureza.

Sua crise revelou-se bastante produtiva. A recusa à concepção sobrenaturalista da salvação o levou a investigar nas filosofias antigas a existência de práticas de acesso a uma vida virtuosa, práticas essas que não apontam ao além, mas que são vinculadas aos cosmos, à comunidade e a si próprio. Os mestres da antiguidade grega, descobre Hadot, não estavam interessados na filosofia como um sistema conceitual coerente nem pretendiam alcançar, por meio dela, a perfeição de uma arquitetura meramente intelectual. O discurso filosófico se orientava no desenvolvimento do que Hadot chama de "exercícios espirituais", ou seja, buscava se articular com disposições vitais não discursivas (por exemplo, como lidar com o medo e a angústia, com os prazeres ou com a própria morte e a dos outros). A redescoberta grega da filosofia como exercício e acesso a formas de vida leva Hadot a uma conclusão cuja validade transcende os gregos: apenas por meio de práticas de transformação os sujeitos chegam a uma verdade subjetiva, isto é, a uma forma de vida.

Mas o filósofo não para por aí. Ele levanta uma polêmica com o neoliberalismo enquanto produção de modos de vida adaptativos, incapazes de questionar sobre sua própria transformação. Vale a pena lembrar que, quando falamos de neoliberalismo, referimo-nos a uma forma de capitalismo particularmente totalitário, no sentido de seu interesse estar posto nos detalhes específicos dos modos de viver. O âmbito neoliberal não designa, segundo essa definição, um poder meramente exterior, mas uma vontade de organizar a intimidade dos afetos e de governar as estratégias existenciais. Chamamos de neoliberalismo, portanto, o devir micropolítico do capitalismo, suas maneiras de fazer viver. Nesse contexto, a filosofia entendida como forma de vida adquire relevância política: o ponto é, em última instância, a pergunta pela capacidade de inventar um viver não neoliberal.

Isso quer dizer que, para falar de uma política não neoliberal, é necessário fazer um desvio para as micropolíticas não neoliberais, que aqui pretendemos relacionar ao que Hadot chamou de "exercícios espirituais". Hadot explica que não é fácil assumir uma forma de vida: trata-se de uma aprendizagem, requer um exercício. Se a filosofia pode ser uma forma de vida, é porque a vida não faz nascer a verdade espontaneamente, mas chega a ela por meio de transformações e exercícios. A forma de vida, ou a "vida virtuosa", é o objeto de uma busca persistente. Para Spinoza, a vida virtuosa acaba sendo inseparável das instituições coletivas: o "melhor Estado" (ou seja, a vida comum que oferece segurança e liberdade) e a vida virtuosa terminam por ser indissociáveis. Não existe abismo algum entre micro e macropolítica.

Essa ênfase na dimensão coletiva dos exercícios espirituais foi um ponto de conflito entre Pierre Hadot e Michel Foucault, que escreveu sobre a existência como estética da própria pessoa. A crítica que Hadot manifesta ao modo como Foucault procede em sua leitura dos gregos (influenciada pelo próprio Hadot) tem a ver com a ênfase individualista que surge de expressões como "tarefa do eu sobre eu", "arte de viver" ou "cuidado de si"; na perda do sentido moral e na redução da busca da beleza como bem supremo. Em vez de se referir ao "cultivo do eu", Hadot sustenta que conviria falar de transformação ou inclusive de superação do eu. Como Foucault compreende a importância da filosofia como terapêutica, é uma pena — pensa Hadot — que ele tenha se inclinado a uma imagem excessivamente individualista dessa estética da existência, demasiado desconectada da preocupação espiritual de lidar com "a angústia provocada pelas preocupações vitais e pelos mistérios da existência humana". A tradução foucaultiana das práticas do eu para os antigos estoicos e, em geral, para as escolas greco-latinas dos exercícios espirituais no que diz respeito a "técnicas do eu" acentua em excesso, segundo Hadot, uma ética do mundo greco-latino como se se tratasse de uma ética hedonista. Nessa tentativa foucaultiana de fundar um modelo de existência para a sociedade contemporânea, Hadot (2006) vê uma redução da ética à estética que traz como resultado "uma nova forma de dandismo versão fim do século XX".

Para além dessa imagem de um Foucault neoliberal, que poderíamos discutir, é interessante a defesa feita por

Hadot de um uso virtuoso dos "exercícios espirituais", distorcidos, no passado, pela transcendência religiosa e manipulados, no presente, pelas técnicas de autoajuda e de individualização neoliberais. Sua insistência em apresentar a filosofia como forma de vida permite compreender, ainda com mais clareza, até que ponto seus dois componentes principais — a experiência de transformação como condição de acesso a uma verdade do sujeito, e o caráter não separado do indivíduo com respeito à natureza e ao coletivo ou à comunidade — estabelecem, inclusive atualmente, a base de uma micropolítica não neoliberal.

Assim também o entende o psicanalista Jean Allouch, para quem existe uma continuidade entre os exercícios espirituais descritos por Hadot, o cuidado de si de Foucault e a psicanálise de Jacques Lacan. Segundo Allouch, as práticas dos gregos antigos são uma genuína e sugestiva genealogia para uma psicanálise que se perceba menos como ciência (ou como religião) e mais como dinâmica de subjetivação ou prática de transformação capaz de produzir no sujeito um acesso a uma verdade. Mais ainda: supõe uma "ética de si", um ponto de resistência ao poder político por meio da instauração de uma relação consigo mesmo. Em *A psicanálise é um exercício espiritual? Resposta a Michel Foucault*, Allouch concebe o encontro entre exercícios espirituais e prática psicanalítica como dispositivo capaz de combater o que ele chama de "a função psi", que, segundo Foucault, está presente "em toda parte na qual seja necessário fazer que funcione a realidade como poder" (Allouch, 2007).

Começar uma análise, diz o psicanalista, já é procurar o cuidado de si, de modo similar — devemos supor — ao cidadão grego que se iniciava nos exercícios de alguma das antigas escolas gregas. Seja em relação a Freud, seja em relação a Epicuro, trata-se de se submeter à experiência como condição para poder convidar outros à experiência.

Foucault destaca, a propósito das antigas práticas de direção de consciência (um dos exercícios espirituais), o aspecto que assume o "entre dois" (a relação entre diretor e dirigido) como uma "intensa relação afetiva, uma relação de amizade", uma "maneira de dizer", uma franqueza ou "abertura do coração". Se essa "dependência necessária", presente nos antigos exercícios tanto como na psicanálise, distingue-se essencialmente da arte do coaching ontológico é em virtude da própria noção de uma "passagem de um estado do sujeito a outro estado do sujeito" associada à produção de uma verdade. Em última instância, sustenta Foucault (e Allouch o cita), "uma pessoa não pode ter acesso à verdade se não muda seu modo de ser". E essas transformações envolvem, muitas vezes, práticas de passagem pelo outro.

ASSASSINE SEU SINTOMA!

A oposição entre modo e forma de vida se intensifica por meio da politização do sintoma. Em seu momento otimista-voluntarista, as técnicas neoliberais da existência oferecem ao indivíduo todo tipo de procedimentos facilitadores para a vida. O acesso ao gozo não requer mutação subjetiva. Os exercícios espirituais são substituídos por práticas de coaching, que treinam o indivíduo tendo em vista sua melhor adaptação aos dispositivos de valorização mediados pelos mercados. A vida deixa de ser investigação política e passa a ser esforço de atualização e renovação dos dispositivos de prazer. Uma utopia laica e um regime do âmbito sensível fundado nos valores da transparência impõem a equação: visibilidade = segurança. Toda opacidade fica sob suspeita, todo anonimato termina criminalizado, todo signo disruptivo é rechaçado como obstáculo aos ideais de fluidez e comunicabilidade. Uma máquina de guerra mundial assegura a paz absoluta da ordem global e luta pela funcionalidade dos ajustes necessários ao processo da acumulação de capital.

O imperativo de transparência responde a um regime óptico soberano que idealiza os atos de intercâmbio — do mercado e da comunicação — como desprovidos de todo resíduo (daí que suas pedras no sapato sejam o terrorismo a corrupção ou a máfia). Como explica Franco Bifo Berardi em seu livro *Fenomenologia del fin*, o semiocapitalismo é intolerante a qualquer dobra ou barroquismo. Essa intolerância a tudo aquilo que produz interferência ou obstáculo caracteriza o idealismo do mundo neoliberal. Seu suposto materialismo, sua preocupação com a produção, o consumo e os modos de vida, sua ênfase nos afetos e nas emoções se revelam castrados, inconsistentes diante da presença do *sintoma*. A natureza sectária e repressiva do neoliberalismo se sustenta nisso: sua recusa visceral a ver no que não se enquadra — ou seja, no sintoma — um potencial cognitivo, um processo de singularização por desenvolver, um discurso submerso no não dito, algo a *escutar*, um elemento heterogêneo que denuncia a pretensa funcionalidade não conflituosa do todo.

Marx e Freud foram os fundadores de uma política do sintoma. Para eles, trabalho vivo e desejo não eram meros termos entre outros dentro de um sistema coerente, e sim uma fonte subjetiva e produtiva de toda objetividade. Escutar o sintoma, aliar-se a ele, pensar com ele e por meio dele é a base de toda crítica materialista. A própria crítica, contudo, é aniquilada pelo afetivismo neoliberal. Assistimos hoje não a uma aliança com o sintoma, mas a sua patologização. Mais do que uma escuta do que não encaixa, insiste-se em sua culpabilização. Uma vez que a vida se vê sujeita a sua condição natural, orgânica e criada, fixada segundo critérios moralistas a uma estabilidade não perturbada, são oferecidos mecanismos de prazer que compensem ou satisfaçam uma vida em que não há paciência com o que é vulnerável.

Esse discurso da fruição estava ausente na retórica católica e conservadora das velhas direitas. O campo da obediência se estende hoje sob a forma de certa liberdade: "Somos livres para fazer o que quisermos" é o lema do discurso empreendedor. Trata-se de uma liberdade que obedece a um tipo de ordem que vem do próprio tecido social: parece-nos impossível contornar o mandato de sermos produtivos no espaço do mercado. A voz da ordem tem se tornado imanente e atua como compulsão para desenvolver estratégias de valorização sobre nós mesmos, para participar ativa e voluntariamente dos dispositivos de valorização mercantil.

A convocação para a realização pessoal "livre" e o entusiasmo com os novos meios de adesão à vida sem sofrimentos, ambos característicos desse *vitalismo* neoliberal, funcionam sobre a base da expulsão de qualquer consciência de morte. O princípio da conectividade basta e sobra para equiparar, em um mesmo ato, consumos felizes e submissões humilhantes. O sensualismo do capital é despótico; não se encaixar, persistir no mal-estar, é arriscado.

Politizar o mal-estar, porém, de maneira alguma implica recusar o prazer, e sim afirmar tudo aquilo que em nós aparece como incapacidade de acatar a voz que nos ordena a gozar, consumir, ser produtivos. O que acontece hoje com aquele que não se encaixa nos dispositivos da felicidade? O que fazer com as anomalias (com as doenças, as angústias, os ataques de pânico), o que fazer com as dissidências e os impulsos igualitaristas? Essas perguntas colocam em primeiro plano tudo aquilo que na vida associa-se à fragilidade e que não admite ser resolvido em uma mera adequação. Chegamos aqui a uma questão de vital importância:

o sintoma e a fragilidade, a anomalia que deseja e, em geral, os fenômenos de autonomização das maneiras de cooperação podem ser também vias para a politização das formas de vida, à medida que sofrem a agressiva intolerância do controle neoliberal, que não é nada além do esforço por evitar que se abra um fosso entre a realização de mercadorias e o desejo. O controle neoliberal — e seu devir fascista o torna óbvio — é uma tentativa autoritária para impedir sua própria crise. Crise pela impossibilidade de subjetivar de modo neoliberal uma parte da sociedade. Crise por não poder produzir aqueles mundos desejantes nos quais o consumo de suas mercadorias seja o da realização. É possível, por acaso, sustentar que exista uma correlação prática entre a impotência capitalista para governar a vida (e os desejos) e a crise de rentabilidade empresarial? A autonomização das formas de vida é um fator potencial influente nas crises de reprodução do neoliberalismo?

Na Argentina, ao menos desde a última ditadura (1976-1983), é muito evidente que os grandes momentos da política emancipatória ocorreram por causa dessas formas de escuta do sintoma: dos organismos de direitos humanos, das organizações *piqueteras*[12] ou dos movimentos feministas. Nossa época neoliberal propõe uma relação direta entre a trama sensível da vida e a ordem social e política; e, dado que as formas de vida recolocam o problema da igualdade e da liberdade em termos de transformação, da capacidade de atravessar as crises e inovar nas formas coletivas, é no terreno do âmbito sensível que devemos inventar e multiplicar os exercícios espirituais de nosso tempo: em relação aos consumos, aos usos do tempo,

---

[12] Movimento de trabalhadores desempregados surgido na Argentina em meados da década de 1990 e cuja forma de protesto era a instalação de piquetes em lugares estratégicos. [N.T.]

aos modos de habitar os territórios, às formas de conceber o amor. São exercícios que trabalham as possibilidades de nos desligarmos do poder de controle, que habilitam a pergunta sobre quem somos, quem é cada um, partindo de nossos mal-estares. Mapear o mal-estar pode nos levar a deslocamentos significativos, ajudar a dar à luz novas formas de vida, a rascunhar possibilidades desejáveis.

Enquanto o discurso neoliberal tem recorrido à potência do vitalismo empreendedor, as formas de vida se reconhecem em uma espécie de impotência que antecede qualquer potência. Trata-se de uma certa impossibilidade — ou "estupidez", diria também Deleuze — própria dos inícios de qualquer novo poder fazer. Talvez essa impotência seja a que nos conduza às modalidades mais ricas do que é um exercício espiritual. Às vezes, ainda estamos muito distantes de descobrir o que realmente importa. É um desejo de algo, ou o pressentimento de algo que se pode fazer, mas também a experiência de não saber como fazê-lo. Talvez a consciência da impotência implicada pelos processos de criação, essa detecção de certa vulnerabilidade, seja exatamente o que o neoliberalismo odeia na vida. É a escuta do sintoma como ponto de partida: situar-nos nesses lugares em que, para fazer o que queremos, passamos primeiro por não entender, por não saber como, por sentir que somos os únicos que não entendemos. Como Ricardo Piglia (2017) escreveu em *Os diários de Emilio Renzi*: "Sou o único nesta cidade que não sabe escrever", o único que não pode resolver esses problemas do amor, da angústia, os problemas da vida. Esse não poder, trocado em uma escuta, já é signo da elaboração processual de uma potência.

A politização do mal-estar (que não se deve entender como um assunto meramente clínico, mas também como irreverência plebeia e gesto igualitarista) remete, portanto, ao sintoma e à fragilidade e, em geral, a qualquer anomalia desejante capaz de autonomizar vias de cooperação e de estruturação de mundos, que não podem ser compreendidas pela intolerância da autoridade neoliberal. A fobia do sintoma — da diferença sexual, racial, classista — expressa o horror neoliberal à ameaça de colapso que representa a tendência de autonomização das formas de vida. Horror diante das subjetividades da crise. Essa é a raiz de seu ódio ao sintoma — ódio existencial e político — e a base do devir neofascista do neoliberalismo. Por meio dessa descoberta, o sensível se apresenta a nós como objeto de todo tipo de ofensiva e contraofensiva. O neoliberalismo não é contrarrevolucionário porque se enfrenta com uma revolução, e sim à medida que seu ódio é, por natureza, contrainsurgente, um rancor preventivo ante toda insolvência potencial. O neoliberalismo é "contrassintomático".

O fim da fase otimista-voluntarista do neoliberalismo e a exacerbação de seus traços contrassintomáticos assinalam com toda clareza uma mudança na conjuntura, cuja principal consequência é a crise da democracia como espaço no qual se resolvem os conflitos. A crescente hostilidade com que se pretende conservar a estabilidade social pode ser lida como uma declaração de inimizade às micropolíticas não neoliberais, e é evidente no desprezo pelo que é sintomático e pelas pulsões igualitaristas que se manifestam tanto na versão liberal-conservadora do governo Macri (desprezo pelas políticas de direitos humanos, deportação de imigrantes, infantilização das organizações sociais) quanto, de modo escandaloso, no neofascismo de Jair Bolsonaro — seu programa, que inclui a destruição da Amazônia, a reforma trabalhista, a privatização, o racismo, a perseguição às mulheres e às diferenças sexuais, além do recurso a uma prótese militarista e fundamentalista, expressa a força da crise do neoliberalismo no Brasil e a tentativa de encerrar o racha por meio do ódio ao sintoma. Quando se pensa nesse cenário, no qual o sintoma não é somente negligenciado como também atacado de maneira violenta, organizada e institucional, fica evidente aquilo que retomávamos de Spinoza: não é possível pensar a virtude da vida sem a vida em comum. Do mesmo modo, não é possível isolar os exercícios espirituais da dimensão coletiva e da luta social.

Esse aspecto repressivo do neoliberalismo talvez tenha sido subestimado pelas análises foucaultianas da obediência por meio da liberdade. No contexto sul-americano, é possível identificar certa continuidade entre a atual intolerância em relação ao sintoma e os espectros da repressão contrarrevolucionária dos anos 1970. Essa continuidade é ainda mais evidente quando se identifica o projeto comum de subordinação da vida à lei do valor, em torno do qual se evoca arcaísmos da Guerra Fria.

Sem nenhuma revolução à vista que possa justificar a agressiva paranoia reacionária das elites, o certo é que a crescente tensão vivida na América do Sul continuará incompreensível se não reconstruirmos historicamente a luta pela constituição da *forma humana* que percorre a região desde os tempos da Revolução Cubana. Em certo sentido, a utopia neoliberal atua como uma recuperação invertida de cada uma das questões colocadas por essa revolução. Ao mesmo tempo que, para Che Guevara, o socialismo fracassava por não criar formas de vida — ele falava no "homem novo" —, o neoliberalismo fracassa ao não instituir um modo de vida. A diferença óbvia é que, enquanto a nova humanidade guevariana se propunha, se não a suprimir, ao menos a moderar consideravelmente o poder subjetivador da lei do valor, os modos de vida do indivíduo neoliberal se constituem por inteiro como amor ao valor.

Durante os anos 1960, no contexto do debate socialista sobre a construção de uma sociedade nova, Guevara sustentava que a revolução deveria acelerar a transformação das estruturas econômicas e das relações sociais de exploração, não apenas para redistribuir a riqueza e o poder, mas, sobretudo, porque onde a lei do valor persiste, a subjetividade do individualismo mercantil continuará a ser reproduzida. Para Che Guevara, a criação de formas de vida estava vinculada à possibilidade de impor novas modalidades à relação entre produção e consciência, entre economia e subjetividade. Os neoliberais atuais também sustentam que o futuro desejável provém de uma relação particular entre economia e subjetividade, mas de uma maneira exatamente oposta: o entusiasmo que certo neoliberalismo manifesta pelo futuro repousa por inteiro na nova aliança estabelecida entre economia de mercado, psicologias positivas e novas tecnologias.

O projeto revolucionário nunca se restringiu apenas aos limites da ilha. A forma nacional adotada pelo socialismo em Cuba é resultado da derrota das organizações revolucionárias do continente em suas tentativas de disseminá-lo. Esse aspecto geopolítico é relevante, uma vez que, se Che Guevara tinha algo em mente nos anos em que teorizava a potência subjetivante do valor capitalista na nova sociedade, esse algo era precisamente o transbordamento dos equilíbrios globais que dinamizavam os processos de insurreição. O transbordamento dos limites pactuados entre os grandes protagonistas da Guerra Fria e a tentativa de questionar o poder das relações de mercado para criar modos de vida são as principais premissas de um projeto revolucionário em escala regional que foi derrotado durante a segunda metade dos anos 1970.

Quatro décadas depois daquela derrota e diante da ausência de novos projetos revolucionários globais, falar de contrarrevolução acaba sendo absurdo. No entanto, os futurismos do capital, o sonho de adequar o humano às exigências da valorização, mantêm-se mais vigentes do que nunca. O que não cessou foi o esforço para impor os termos dessa equação, ou seja, impor uma forma ao humano. É nesse sentido que se pode dizer que, mesmo em crise, o neoliberalismo é a política da verdade de nosso tempo.

UM ÚLTIMO SEQUESTRO DO ÂNIMO

A produção de modos de vida é pós-hegemônica, no sentido dado por Jon Beasley-Murray ao termo. Em seu livro *Poshegemonía: Teoria política y América Latina*, Beasley-Murray assinala que nossas sociedades funcionam com base em um cinismo coletivo disseminado que tem por função assegurar a ordem, apelando não tanto à cultura como espaço simbólico argumental mas a um poder de apropriação ou integração de hábitos e afetos. A cultura, segundo ele, não pode ser entendida como o campo de confrontação de justificativas e razões. Ela se refere, na verdade, ao conjunto de operações por meio das quais se apropria e assimila a capacidade produtiva da cooperação social, provocando um efeito ilusório de transcendência e de soberania.

Essa ilusão e esse cinismo se materializaram, durante a breve fase otimista do macrismo, na figura de Alejandro Rozitchner (filho do filósofo León Rozitchner), que chegou a ser um influente coordenador de áreas de comunicação e coaching no governo de Macri. Se a filosofia do pai encarnava um materialismo sensual revolucionário, a do filho exemplifica o tipo de afetivismo propriamente neoliberal, dominado por ideias como "entusiasmo" e "felicidade". Embora a tese de Alejandro Rozitchner seja caricatural (os fluxos de capital como condição suficiente e disponível para realizar todo tipo de projetos pessoais criativos), suas intervenções — livros, oficinas, aparições na mídia — oferecem uma ideia nítida da polarização entre forma e modo de vida do ponto de vista da exaltação dos mercados.

Seus argumentos, oriundos principalmente de uma leitura muito particular de Friedrich Nietzsche, consistem em refutar o que ele considera uma hegemonia no campo intelectual do "pensamento crítico", concebido como objeção à vida e à criação de valores. Seu livro *La evolución de la Argentina* é uma orgulhosa reivindicação do caráter pós--hegemônico e fornecedor de emoções vitais das micropolíticas neoliberais. Seu leitmotiv é: "O progressismo é um fenômeno meramente discursivo", ou seja, um anacronismo que é um obstáculo para a correta interpretação das possibilidades da pós-hegemonia neoliberal. Sua estratégia consiste assim em declarar todo dispositivo crítico como derrotado (declaração que lhe permite considerar a crítica como obstáculo nostálgico ao desenvolvimento das forças produtivas) e substituí-lo por um dispositivo emocional, dominado pelo imperativo do "entusiasmo" como condição de nossos desenvolvimentos. Essa estratégia se alimenta das linguagens da contracultura dos anos 1970, do rock, da psicanálise e do new age. O intelectual desse novo saber viver já não se dedicaria a denunciar as armadilhas que habitam a estrutura social, mas a promover suas oportunidades. A adequação entre modo de vida e realidade chega a ser perfeita, e o pensador passa a ser uma espécie de coach das disposições de atitudes para alcançar o sucesso.

Tudo que não se enquadrar nas verdades dessa renovada sabedoria do bem viver será alvo da mais severa intolerância: a patologização. Esse é o poder do coaching, que se interessa pelos modos de viver apenas para reforçar os mecanismos de adequação e de obediência. Um enorme manual de instruções redundantes, cujo objetivo é reforçar a realidade. Um mecanismo que assegura a confluência entre o desejo e a ordem. O coaching é um operador direto da subjetividade do capital: ensina a lidar com o sintoma de modo direto e positivo. O afetivismo neoliberal é uma estratégia na disputa política pela forma humana que, longe de descuidar da dimensão sensual, empreende uma ofensiva direta sobre o campo da sensibilidade.

O coaching (como na "função psi" analisada por Allouch) se aproxima do sintoma para modulá-lo, guiando os estados anímicos rumo a certo equilíbrio estável, evitando a queda nas paixões tristes. Seu caráter ontológico consiste em retirar do sintoma todo seu potencial cognitivo — sua subjacência crítica —, em neutralizar a expansão do mal-estar por meio do uso compensador de alguns dos âmbitos possíveis que a realidade oferece.

Para entender melhor como funciona o vitalismo afetivista do capital, convém acompanhar um pouco mais Alejandro Rozitchner até que se possa ver de perto as fontes discursivas de seus pensamentos. Suas premissas fundamentais são duas: por um lado, uma leitura de Nietzsche como pensador que oferece uma nova compreensão da vida e da história alicerçada em uma exaltação da criatividade de subjetividades; por outro, a leitura que Gilles Deleuze fez, nos anos 1970, dessa filosofia, com a intenção de liberar — por meio de noções como multiplicidade e vontade de poder como potência — um pensamento obstruído pelas figuras do sujeito e pela consciência próprias da fenomenologia e do hegelianismo.

O vitalismo libertário de Deleuze voltava então a Nietzsche com o objetivo de impugnar o conjunto de abstrações e mistificações com que se fechava o caminho para a reconstrução das formas de vida. Essa hostilidade à abstração com a qual as operações da negação dialética se desenvolvem tendia a enfatizar a importância das diferenças concretas e os devires. Tratava-se, em suma, de refutar toda representação do movimento (realidade concebida com base em seus âmbitos possíveis; modos de vida) para dar com o movimento em si (criação de novos possíveis; formas de vida).

Na leitura de Alejandro Rozitchner do livro *Nietzsche e a filosofia*, de Deleuze, as ideias se organizam do seguinte modo: dado que o movimento efetivo de nosso tempo são os fluxos de capital, toda posição crítica recai do lado da representação morta que obstrui a vibração vital (equivalente, para Rozitchner, à inovação empresarial) e bloqueia o pensamento (que, para ele, são as psicologias positivas). Se Deleuze tinha a esperança de engendrar novos modos da crítica mediante a afirmação diferencial de formas de existência — "uma nova terra; um povo por vir" (Deleuze, 2006) —, em Alejandro Rozitchner a crítica expressa impotência e decadência, e sobra espaço apenas para as apologias do presente. Desse modo, Rozitchner inverte a direção da filosofia libertária, orientada à destruição dos valores dominantes e a uma clínica materialista do sintoma e de sua historicidade, para consagrar um vitalismo do capital que confina a avaliação dos modos de vida dentro dos limites da dinâmica toda-poderosa da valorização do capital.

OS REFUTADORES DE MAQUIAVEL

A história do neoliberalismo como absorção reacionária das potências vitais e da neutralização da esfera política é bem conhecida há décadas. Pesquisadores célebres, como Perry Anderson ou Christian Laval e Pierre Dardot, Wendy Brown ou Luc Boltanski e Ève Chiapello, têm se ocupado em vasculhar a história e os mecanismos do dispositivo neoliberal e prestado cada vez mais atenção ao peso decisivo de suas micropolíticas.[13] Esse peso contribui para explicar o fenômeno de uma implementação que não necessita do voto popular: o neoliberalismo não perde eleições, e portanto não é simples afastá-lo pela via puramente eleitoral.

No entanto, o pensamento — no sentido spinoziano de desejo potenciado — se vê obrigado a considerar o problema da estratégia. Em seu livro sobre a obra de Spinoza, *La estrategia del conatus*, o filósofo francês Laurent Bove ressalta a importância crucial que reveste o caráter pragmático do desejo e a natureza construtiva da potência de existir. Dado que a existência meramente individual é inconcebível, os sujeitos buscam sua própria utilidade no intercâmbio com outros, tomando, assim, consciência de uma presença que abre um horizonte seja de amizade (composição, utilidade comum), seja de ameaça (guerra). Desejo e estratégia definem, portanto, um campo amplo de táticas e alternativas.

O pensamento de Nicolau Maquiavel pode nos ajudar a retomar o caráter estratégico do desejo como momento de elaboração de uma crítica do campo neoliberal. Seguindo os passos dos estudos da esquerda maquiaveliana do século XX, é possível extrair da obra do florentino alguns traços básicos do âmbito político, a saber: que toda sociedade se divide em um conflito em torno do desejo de governar e de não ser governado; que a política é uma práxis — não uma teoria — que oferece um conhecimento da sociedade fundado na contingência e em uma concepção aberta da história; que o conhecimento efetivo — finito — que permite exercer a virtude procede de uma leitura do

---

[13] Em seu livro *El pueblo sin atributos, la secreta revolución del neoliberalismo*, Wendy Brown caracteriza o neoliberalismo como "um modo distintivo de racionalidade" e de produção de sujeitos. Verónica Gago também fala de um "neoliberalismo a partir de baixo" em seu livro *A razão neoliberal: economias barrocas e pragmática popular*.

potencial democrático das lutas promovidas pelos pobres (a República como imposição da coisa pública em prol dos ricos); e que o Estado não é um dado fixo ou um espaço a ocupar, mas uma dinâmica institucional ligada a uma tarefa histórica (na época de Maquiavel, a reunificação da nação e a passagem do feudalismo ao capitalismo; na de Gramsci, a revolução socialista).

A pretensão neoliberal de neutralizar a esfera política por uma adequação entre capital, desejo e novas tecnologias é uma refutação de Maquiavel. A trava neoliberal prescreve que as micropolíticas do presente já não se abram a novas articulações. A política fica assim confinada a representar superestruturalmente o que o neoliberalismo produz com precedência. Nega-se toda possibilidade de um maquiavelismo a partir de baixo, e a estratégia do desejo se vê reduzida a uma antropologia econômica.

O antimaquiavelismo tem uma longa história. Segundo Foucault, foi entre os jesuítas que se desenvolveu a crítica da teoria política de Maquiavel como mera justificativa de um soberanismo territorialista, incapaz de perceber a existência da população como uma realidade autônoma. Em *Segurança, território, população*, ele retoma o tema e ressalta o papel central da população como fonte de riqueza e premissa fundamental da economia política. A crítica da imagem do poder como laço patrimonialista entre o soberano e seu território vai abrindo caminho para que o governo tenha uma concepção da população como multiplicidade e do Estado como artífice e complemento protetor dos mercados.

A dupla pretensão dos refutadores de Maquiavel — do poder pastoral à economia política — consiste tanto em fortalecer o processo de absorção do poder soberano dentro do jogo dos biopoderes quanto em apagar a dinâmica antagonista sobre a qual funciona a própria política.

Se a primeira pretensão parece consumada na vitória dos neoliberais sobre os soberanistas — particularmente os de esquerda —, a segunda, a qual busca lançar por terra uma compreensão da divisão social que opõe governantes e aqueles que se negam a ser governados, supõe o bloqueio incessante do surgimento de uma ciência política materialista e aleatória, capaz de imaginar novas tarefas históricas.

2
SABERES ÚTEIS CONTRA O FASCISMO

COMO CARACTERIZAR A DIREITA?

O fascismo pode retornar? Nem Trump, nem Le Pen, nem Bolsonaro repetem o fascismo histórico. Provavelmente seria mais correto falar em fascismo pós-moderno, um tipo específico de vitalismo que se afirma em certa essência ou pureza étnica, de classe ou nacional, por meio de uma violência intolerante e da inferiorização de populações inteiras, como imigrantes, negros, mulheres ou homossexuais. A atualidade do fascismo supõe um exercício de caracterização de forças e circunstâncias políticas e históricas.

Do ponto de vista do debate marxista sobre o Estado e a política, o fascismo histórico não podia se assimilar a qualquer governo de traços autoritários ou conservadores, mas respondia a certa conjuntura na qual o grande capital centralizado ativava a seu favor os setores médios, com o objetivo de deslocar aqueles círculos das classes dominantes que bloqueavam sua expansão e afirmar assim seu domínio sobre o conjunto. Para Ernesto Laclau, o fascismo (que engloba também o nazismo) é um fenômeno de mobilização da sociedade contra a ameaça socialista operária e contra algumas camadas do velho bloco de classes dominantes que, como ocorria na Itália e na Alemanha durante a década de 1930, obstaculizavam a implementação da hegemonia capitalista. No Estado fascista, a ideologia racista, nacionalista e militarista, a politização da pequena burguesia e a interpelação do âmbito popular acabam indissociáveis da direção estratégica e da necessidade de expansão do grande capital.

Seguindo os passos de George Sorel, que teorizou acerca do fascismo como agente de um mito mobilizador, o peruano José Carlos Mariátegui percebia uma espécie de jogo de espelhos entre fascismo e bolchevismo, ambos portadores do mito mobilizador, em detrimento da democracia parlamentar. Já Walter Benjamin, em um texto clássico da década de 1930 — "A obra de arte na era de sua reprodutibilidade técnica" —, advertia para esse jogo de espelhos invertidos no que diz respeito à relação entre estética e política: a politização bolchevique da arte, que questionava as diferenças de classe, era respondida pela "estetização da política", que apontava para uma espetacularização belicista que mantinha intocadas as relações de propriedade e de produção. Anos depois, quando o fascismo já havia triunfado sobre boa parte da Europa, Benjamin retornou à questão, dessa vez para denunciar os mecanismos que, ao enfrentar o fascismo, condenaram a social-democracia à impotência. Na tese 8 de "Sobre o conceito de história", texto escrito em 1940, podemos ler o seguinte:

> A tradição dos oprimidos nos ensina que o "estado de exceção" (*Ausnahmezustand*) em que vivemos é a regra. Precisamos

> construir um conceito de história que corresponda a esse ensinamento. Perceberemos, assim, que nossa tarefa é originar um verdadeiro estado de exceção; e com isso nossa posição ficará melhor na luta contra o fascismo. Este se beneficia das circunstâncias de que seus adversários o enfrentam em nome do progresso, considerado como norma histórica. O assombro com o fato de que os episódios que vivemos no século XX "ainda" sejam possíveis *não é um assombro filosófico*. Ele não gera nenhum conhecimento, a não ser o conhecimento de que a concepção de história em que se origina é insustentável. (Benjamin, 2011 [2012])

Em outras palavras, se a esquerda europeia não foi capaz de derrotar o fascismo, isso se deveu, "de modo não desprezível", à sua crença em uma "norma histórica" fundada na ideia de "progresso". Em vez de se basear na tradição específica dos oprimidos — um saber da exceção como única norma —, ela se deixou confundir pela tradição dos opressores — uma temporalidade linear de tipo evolutiva. O marxismo, reduzido a discurso das forças produtivas (mais fábricas, mais operários, mais votos nos partidos socialistas etc.), corre o risco de adotar a própria norma da tradição dos opressores. O preço a pagar pela adoção de um ponto de vista "antifilosófico", ou seja, pelo assombro diante da aparição aparentemente anacrônica do nazismo, é patente. Para Benjamin, é preciso conceber a história por meio de um olhar que permita estender a exceção a todo o campo social. O espanto diante de fenômenos como o de Bolsonaro, no Brasil, deve nos servir para produzir saberes politicamente úteis, que não fiquem estancados na paralisia filosófica decorrente do fato de que as coisas que vivemos sejam "ainda" possíveis no século XXI. Pensar o fascismo de ontem e de hoje supõe, portanto, manter-se em guarda com respeito ao que cada época propõe como evolução normalizada do estado de coisas.

Em *Las nuevas caras de la derecha*, Enzo Traverso caracteriza a ascensão das direitas na Europa e nos Estados Unidos com o termo "pós-fascismos". Trata-se de uma categoria que pode sofrer ressalvas pela imprecisão — indica apenas um "depois" do fascismo —, mas que tem a vantagem de habilitar uma análise concreta das mesclas de traços racistas, autoritários e xenófobos desses movimentos que denunciam as elites das finanças, porém não deixam de estabelecer vínculos estreitos com elas. Com a expressão "pós-fascismo", há uma tentativa de nomear um complexo de continuidades e descontinuidades — a se estabelecer para cada caso em particular — com relação ao fascismo histórico, que invariavelmente tem uma distinção fundamental: não representa uma mobilização do campo popular, tampouco a conformação de uma nova força social.

Essa concepção se torna particularmente interessante se levada ao contexto da discussão sobre como caracterizar a direita que chegou com Macri ao governo da Argentina. É legítimo, ou melhor, é politicamente útil aproximá-la da ditadura? Nas numerosas mobilizações contra seu governo, cantos e lemas o fizeram várias vezes. Cantar na rua, contudo, não é caracterizar com precisão um fenômeno complexo, mas é, em todo caso, sacudir uma historicidade no corpo; e as duas coisas são igualmente necessárias.

O problema é visível: pode-se caracterizar uma direita moderna que triunfa eleitoralmente em uma linha de continuidade com o terrorismo de Estado, cujo protagonista central foi o partido militar que não ganhava eleições? Simplesmente afirmá-lo suporia uma caracterização errônea, uma vez que a chegada do partido Cambiemos ao poder se fez no marco do Estado de direito; não o fazer implicaria, contudo, negar toda continuidade entre processos históricos diferentes. Na Argentina, o fascismo nunca se tornou a forma dominante. Certos setores da esquerda e do liberalismo tentaram, de modo fracassado, vinculá-lo ao movimento iniciado por Juan Domingo Perón. No entanto, como explicou León Rozitchner, Perón não expressou a opção de um domínio pela via da guerra aberta, mas pela da trégua, ou seja, por meio do tempo e não pelo sangue. O assassinato e a tortura como modos de reestruturar as relações de poder foram utilizados por militares muito diferentes entre si. Em 1977, o almirante Emilio Eduardo Massera, à época integrante da Junta Militar, realizou um discurso na jesuíta Universidad de El Salvador, explanando as motivações que impulsionavam a cruzada ocidental cristã e o plano que se executava nas sombras da Escuela de Mecánica de la Armada (Esma):[14] a defesa da propriedade contra a ideologia marxista, a defesa da família contra a perversão freudiana, a defesa de valores absolutos contra a relatividade de Einstein. As práticas de extermínio nos centros clandestinos de tortura e nos voos da morte,[15] o catolicismo integrista de muitos de seus quadros e os laços indissociáveis com as hierarquias da Igreja católica, bem como a defesa à risca da família convencional e da propriedade privada, foram os elementos que fizeram do Estado terrorista argentino — categoria elaborada pelo historiador Eduardo Luis Duhalde — o melhor herdeiro da violência fascista na Argentina.

A situação se apresenta sob uma luz muito diferente hoje, quando prestamos atenção à ala modernizante do

---

[14] Unidade de formação da Marinha argentina usada como centro clandestino de detenção e tortura na última ditadura (1976-1983) e que hoje abriga um museu da memória. [N.T.]

[15] *Vuelos de la muerte*, parte do plano de extermínio do último regime militar argentino, que drogava presos políticos, colocava-os em aviões e os atirava no Rio da Prata ou em alto-mar. [N.E.]

governo macrista, cujo discurso está exemplificado nas referências que tenho feito ao trabalho de Alejandro Rozitchner, essa mistura singular de neocapitalismo, estética do rock e budismo, que não se deixa assimilar de maneira linear ao fascismo. Sustenta-se ou não, portanto, a tese da existência de uma nova direita, essencialmente diversa à do terrorismo de Estado? A questão voltou a ter destaque durante o ano de 2017, a partir do desaparecimento forçado seguido de morte de Santiago Maldonado no contexto da repressão estatal no território mapuche e da vitória governista nas eleições de meio de mandato. Nesse contexto, foi o jornalista e cientista político José Natanson quem procurou contribuir com a discussão em seu livro *¿Por qué? La rápida agonía de la Argentina kirchnerista y la brutal eficacia de una nueva derecha*. Na obra, ele se refere a uma direita "democrática" — sem dúvida uma novidade histórica — que teria de ser compreendida em novos termos; e ele tem razão em relação a esse aspecto. Contudo, o assassinato pelas costas do militante mapuche Rafael Nahuel, pouco tempo depois de ser encontrado o corpo de Maldonado, confirmou o que já era evidente: a defesa da terra como mercadoria, no marco de uma redefinição estratégica do horizonte extrativista do capitalismo local, estabelece novos inimigos do Estado e promove não apenas a prática do aniquilamento físico mas também sua legitimação. E essa situação não é facilmente caracterizável sob a ideia de uma direita "democrática". A vantagem da hipótese de Traverso — não uma nova direita, mas "novas faces" da direita — é permitir captar simultaneamente continuidades e inovações históricas, sem perder de vista o conteúdo abertamente reacionário do conjunto. Nem "fascismo" nem "nova direita democrática", ao menos usados isoladamente, são termos apropriados, portanto.

A LIÇÃO DO BRASIL

Para começar a compreender os fenômenos conservadores e pós-fascistas no Cone Sul, e em particular na Argentina e no Brasil, é necessário fazer um balanço do que ocorreu nesses países durante os governos chamados progressistas. Em seu artigo "Limitaciones de los gobiernos de Lula y Dilma", Rita Segato enumera os principais pontos fracos da gestão do Partido dos Trabalhadores (PT) como derivados da ruptura com sua própria origem. Apesar de ter nascido como uma organização mista, em parte movimento social, em parte partido político, quando chega ao governo — e sobretudo depois do escândalo do mensalão — o PT adota as formas convencionais da política, o que o fez perder pluralismo interno e reduziu suas metas à manutenção do poder. A principal consequência desse insulamento foi a fragilização das estruturas coletivas não estatais que ainda estavam vigentes, "malha de relações e ajuda mútua que ainda existia em fragmentos de comunidade pelo país",[16] e que teriam podido moderar a orientação equivocada de muitas de suas políticas.

Por essa razão, o PT caiu, segundo Segato, em uma confusão conceitual entre a ampliação do consumo e a ampliação da cidadania. Essa confusão redundou em uma dinâmica negativa, na qual a ampliação do consumo acabou correspondendo a uma redução da cidadania, fenômeno inevitável quando se prioriza "as aspirações de consumo como meta principal", enquanto se descuida de ou se rompe aqueles vínculos comunitários "que poderiam levar a uma real politização" pela via de um aprofundamento do debate, da consciência da compreensão crítica "dos valores

---

[16] Rita Segato, "Limitaciones de los gobiernos de Lula y Dilma", *Le Monde Diplomatique*, Buenos Aires, nov.-dez. 2018.

próprios da teologia do capital". A situação se viu agravada, além disso, por duas razões. Por um lado, essa ampliação do consumo não surgiu de uma distribuição da riqueza estrutural, mas de um aumento na exportação de commodities — grãos, minérios — que permitiu maior bem-estar social sem que existissem tentativas firmes de intervir de maneira direta sobre os processos de concentração da riqueza. Por outro lado, esse modo de acumulação implicou "a privação e o desenraizamento comunitário e territorial dos povos, com sua forma de vida alternativa e suas metas divergentes com relação ao projeto histórico do capital". Durante a gestão do PT, lembra Segato, "morreram assassinados mais indígenas e líderes comunitários do que em todos os governos democráticos anteriores".

Faltou, além disso, entender a importância de se avançar judicialmente sobre o negacionismo da ditadura, o que acabou fortalecendo o punitivismo jurídico, do qual Lula seria vítima. Não houve uma compreensão real do avanço do crime organizado e de seu impacto na economia, tampouco da magnitude do vínculo entre a acumulação, as oportunidades na política e a atividade criminosa (sendo que o crime organizado é, em qualquer país, uma das formas principais de ataque à possibilidade de democracia). Na política internacional, prevaleceu certo nacionalismo que impediu, por exemplo, que o Brasil "acompanhasse a Argentina em seu projeto de lei de meios, ou que tornasse a Telesur acessível, mesmo que fosse na TV a cabo, para o telespectador brasileiro", e, por fim, "acima de tudo, não se tocou na ordem patriarcal", pilar da ordem política repressiva, colonial e fundamentalista contra toda condição política comunalista.

A crítica de Segato ao PT diz respeito ao deslumbramento do partido com a ocupação institucional e à falta de percepção de que o Estado de direito, no Brasil, continua a ser um conjunto de estruturas neocoloniais mais ou menos externo à reprodução da vida de povos inteiros. Essa aposta tão linear na tomada do Estado isolou o PT dos vetores de avanço que a mobilização popular exigia e o deixou cego em relação às estratégias que as direitas mais fascistas lançavam de modo direto sobre o campo social. Esse giro rumo à ocupação do Estado, em última instância, foi despolitizador, já que, no fim das contas, não conduziu nem à apropriação do Estado, nem a uma transformação a partir de cima, nem à reconstituição da sociedade.

Durante o primeiro Fórum Mundial do Pensamento Crítico, organizado em 2018 pelo Conselho Latino-Americano de Ciências Sociais (Clacso), Rita Segato acrescentou que a derrota de governos como o do PT se produziu pela ação direta das forças reacionárias sobre o campo social: "muitas fichas no Estado", bem poucas na inteligência coletiva e nas tramas comunitárias. Como síntese colonial da sociedade estratificada, os Estados não são suficientemente democráticos, tampouco suficientemente expressivos das dinâmicas populares para se acreditar que sua mera apropriação desembocará em transformações favoráveis. Do mesmo modo, as manobras táticas não necessariamente aprofundam o debate ou exercitam a inteligência das multidões. Pouca atenção foi dada à estratégia fascistizante com que se costuma encurralar a democracia, por meio de um autêntico complô de dupla pinça que consistiu na instauração de um fundamentalismo cristão (católico ou evangélico) em todo o continente e no incremento intencional do crime organizado como um modo paramilitar do controle da vida. Fundamentalismo e paramilitarismo são operações de guerra contra as aspirações populares baseadas no reforço do "mandato de masculinidade", ou seja, no desprezo dos corpos feminizados e dos territórios comunitários. A vida, como diz Segato, não se muda por meio do Estado, mas da sociedade:

> Eu acredito que também na política o caminho é anfíbio.
> Dentro do Estado, que sempre acaba por nos trair, [deve-se]
> buscar as brechas, as fissuras, para transformá-las em
> clivagens capazes de romper o cristal institucional, sempre
> colonial na América Latina, ou seja, sempre exterior
> em sua gestão da vida dos povos e territórios. Mas não
> se pode esquecer que a mudança se faz na sociedade
> e é feita pelas pessoas. E isso é o que tem falhado: não se
> trabalhou a consciência coletiva, as pessoas não foram
> transformadas, apesar de a vida da maioria ter melhorado.[17]

Toni Negri fez outra contribuição fundamental para se compreender a ascensão de Bolsonaro. Em seu artigo "A 21st Century Fascist" [Um fascista do século XXI], ele aponta como principais novidades desse processo a tática do golpe de Estado dentro do Estado de direito e a conexão entre o neoliberalismo em crise e o pós-fascismo como sua prótese. Diferentemente dos golpes militares do passado, assinala Negri, o golpe contra Dilma Rousseff foi uma operação levada a cabo por meio do processo constitucional. Por trás da pouco verossímil retórica moralista dos meios e dos operadores políticos, escondia-se um programa de ajuste, "a aprovação imediata, pelo Congresso, de algumas leis características de um regime neoliberal"[18] (entre elas, a proibição do aumento do gasto público por um longo período). O primeiro aspecto que interessa a Negri é ressaltar como as elites golpistas atuam dentro do Estado para evitar a necessidade de legitimação popular do programa neoliberal. A debilidade eleitoral dessas elites levou-as a mobilizar o Poder Judiciário, que acabou prendendo Lula e banindo sua candidatura. O segundo aspecto é a questão

---

[17] Rita Segato, *op. cit.*
[18] Antonio Negri, "A 21st Century Fascist", *Verso*, 19 jan. 2019.

do processo eleitoral posterior, realizado sob a ameaça — oriunda do interior do próprio processo institucional — de uma intervenção do Exército no caso de vitória da esquerda. O pleito que elegeu presidente um "fascista do século XXI" instauraria, *a posteriori*, a legitimação democrática do poder, revestindo de legitimação a atuação das elites na destituição de Dilma e durante o governo interino.

O pós-fascismo brasileiro é, portanto, uma apropriação pervertida da democracia: "A democracia é de fato assumida, de maneira massificada e mistificada, por esses líderes fascistas, e transformada de *modo de governo* em *figura de legitimação* do governo".[19] As redes sociais e os meios institucionais se voltam voluntariamente para essa função de legitimação. O desastre brasileiro é o do cancelamento democrático da democracia, que se concretiza no "acréscimo da livre expressão para o poder" e na aniquilação de toda esfera de expressão autônoma. A reflexão de Negri o leva a concluir, em primeiro lugar, que é a incapacidade do neoliberalismo de propor modelos consistentes de equilíbrio político e institucional, "de sustentar-se a si mesmo em meio à crise, perante níveis crescentes de resistência", o que leva a deslocar o dinamismo constitucional e a se apoiar em "uma forte recuperação do soberanismo". O neofascismo contemporâneo poderia ser entendido, sobretudo, como uma "fase dura" do neoliberalismo, própria de um período no qual ele se choca "com grandes dificuldades, ou em que seus dispositivos se rompem, ou melhor, no qual enfrenta a emergência de fortes resistências". Em segundo lugar, conclui que esse pós-fascismo atual, em contraste com as técnicas totalitárias empregadas pelo fascismo histórico, utiliza mecanismos flexíveis tanto para a transformação autoritária do Estado quanto para o salvamento do programa neoliberal. Essa

---

[19] Antonio Negri, *op. cit.*

flexibilidade — corroborada nos Estados Unidos e na Europa ou na América do Sul — corresponde a uma época na qual a multidão ocupa o centro da luta de classes como protagonista dos processos históricos. O fascismo pós-moderno é inseparável de um fenômeno de implosão imanente dessa mesma multidão "no que diz respeito à insegurança econômica ou ambiental e ao medo do futuro", de um forte recuo sobre a "defesa da identidade".

A intolerância homofóbica e a agressividade militarista contra as formas de vida se exibem sem pudor na figura de Bolsonaro, incapaz de outro projeto que não seja o de arrasar os negros, as pessoas trans, as feministas, os indígenas, e de aplicar um programa antissocial contra os pobres. Nessas condições, uma política do sintoma passa por criar alianças entre essas figuras criminalizadas, conexões que certamente não estarão a cargo de uma esquerda já esgotada e que, segundo Negri, não acontecerá sem a faísca dos movimentos feministas.

VIDA NÃO FASCISTA

Em sua filosofia do acontecimento, Alain Badiou argumenta que o fascismo é uma reação particularista à criação de novos universais, ou seja, de novas dinâmicas igualitárias abertas a todos. Se em seu livro *São Paulo: a fundação do Universalismo* esses universais se apresentavam como a base de um tipo de militância que, desde os cristãos até os bolcheviques, levanta sua bandeira de uma nova verdade como política contra o poder, em *O século* o fascismo aparece como uma reação obscura que se apropria e bloqueia a abertura revolucionária por meio da exaltação de um elemento particular, seja ele ariano, branco, católico, seja ele nacional.

Em sua variante biológica (a raça, o sangue ou a ascendência) ou religiosa (fundamentalismos), o fascismo pós-moderno funciona em aliança com a absolutização dos valores da empresa sobre a vida. Paradoxalmente, o mal-estar provocado pela negação do âmbito real do corpo e pela virtualização do mundo, própria da globalização financeira, é assumido pelo fascismo pós-moderno com maior facilidade do que pelas esquerdas. Sob a forma de certo retorno do real entendido de modo reacionário, o pós-fascismo neoliberal se apropria da frustração generalizada em relação a um sistema democrático que não satisfaz as demandas de tipo libertárias e igualitaristas, e nos desafia a mobilizar o assombro propriamente filosófico que Benjamin pedia já nos anos 1940.

Pode haver uma vida não fascista sem que se assuma o problema da ofensiva violenta? León Rozitchner escreveu que, se a guerra faz parte da política como violência encoberta na legalidade, trata-se de aprofundar a política para encontrar nela e por meio dela as forças coletivas que, em sua entidade real, estabeleçam um limite ao poder. Um contrapoder não é meramente um limite ao poder, porque o próprio limite é o que abre o campo político democrático. Somente a capacidade efetiva de pôr um limite às iniciativas do poder inaugura um espaço heterogêneo que testa formas de ser e de fazer. A guerra está presente na política desde o início, assinala Rozitchner, mas encoberta. Não significa negar sua necessidade, e sim afirmar que é preciso encontrá-la e enfrentá-la pela política, nunca fora dela. Trata-se, na verdade, pela perspectiva dos contrapoderes, de suscitar as forças coletivas sem as quais nenhum grupo ou organização poderá por si mesmo vencer na guerra. Em outras palavras, uma política de contrapoderes assume a guerra como uma estratégia de dominação a ser desativada. É no espaço aberto entre a criação de formas de vida e a necessidade urgente de deter o desastre atual que podem ser inventados métodos de convergência política e de lideranças, em um contexto no qual o verdadeiro desafio é poder assumir uma percepção estratégica do real sem esmagar sua complexidade nem perder de vista a consciência histórica da inimizade.

II
VONTADE DE INCLUSÃO

Em 2015, durante os dias posteriores à vitória presidencial de Mauricio Macri, ficou evidente até que ponto se subestimou o potencial subjetivador das micropolíticas neoliberais. A falta de aprofundamento da crítica em relação aos anos kirchneristas impediu que se antecipasse e se compreendesse a magnitude do obscurecimento em curso. Tornou-se necessário desmontar o preconceito progressista da evolução histórica, com base em sequências lineares, e assumir um esquema de *coexistência de temporalidades*, de concomitância de fenômenos heterogêneos.

Na Argentina, no período de 2001 até 2019 — e que teve seus equivalentes relativos em parte da região latino-americana —, é possível reconhecer certas formações ou figuras: as *subjetividades da crise*, com sua potência *destituinte*; a *vontade de inclusão*, com sua potência de *participação militante*; e as *micropolíticas neoliberais*, com sua potência *subjetivadora-estabilizante*. Embora possa ser tentador relacionar cada uma dessas dinâmicas a determinado ciclo histórico (e, desse modo, vincular a potência destituinte à crise de 2001, a vontade de inclusão aos anos do kirchnerismo e a potência subjetivadora-estabilizante das micropolíticas neoliberais ao governo de Macri), o que interessa é destacar suas interações e superposições para fazer emergir essas tensões problemáticas sobre as quais é necessário refletir hoje.

Alejandro Horowicz caracterizou como "democracia da derrota" o período que abrange o retorno democrático, em

1983, até a crise de 2001. Ao longo desses anos, a despeito de qual partido houvesse vencido as eleições presidenciais, o resultado era sempre a aplicação de um mesmo programa político neoliberal e a manutenção da impunidade para os crimes do terrorismo de Estado. Com o ciclo de resistência popular inaugurado em 26 de julho de 1996, com as *puebladas*[20] em Plaza Huincul e Cutral Có, na província de Neuquén, as subjetividades da crise irromperam nesse cenário, criando uma contracultura antagonista que reintroduziu no âmbito político aquelas tensões e os desafios que o terrorismo de Estado havia aniquilado nos anos 1970. O kirchnerismo foi a saída garantista e redistributiva para essa situação ou, em outras palavras, a resposta progressista encontrada pelo sistema diante do fogo dos piquetes e do barulho dos panelaços.

Em seu livro *Desde abajo a la izquierda*, Mariano Pacheco situa o Massacre de Avellaneda[21] como ponto de inflexão que dá passagem a uma complexa transição após o auge de um ciclo de resistência popular e antineoliberal (Pacheco, 2019). A brutalidade policial visou liquidar a expansividade de um processo de luta, ao mesmo tempo que o enorme repúdio à repressão produziu um efeito duradouro sobre a política argentina. Suas consequências imediatas foram a antecipação das eleições, o consequente

---

[20] Protestos populares considerados o início do movimento de desempregados e *piqueteros* na luta contra políticas econômicas neoliberais aplicadas nos anos 1990 pelo presidente Carlos Menem (1989-1999). [N.T.]

[21] Em 26 de junho de 2002, na estação ferroviária Avellaneda, ao sul da cidade de Buenos Aires, foram assassinados Maximiliano Kosteki e Darío Santillán, militantes da Coordinadora de Trabajadores Desocupados Aníbal Verón, parte do movimento *piquetero*. A operação foi planejada pelo poder político do Estado em resposta às demandas de normalização provenientes do poder econômico. O melhor estudo sobre esse episódio continua sendo o livro do Movimiento de Trabajadores Desocupados Aníbal Verón, *Darío y Maxi: dignidad piquetera* (2003).

recuo político do peronismo de Buenos Aires, liderado pelo então presidente Eduardo Duhalde, e a chegada ao governo de Néstor Kirchner, que elaborou uma saída negociada para a crise. Já durante o governo Kirchner, o sistema político foi elaborando os meios para readequar os mecanismos da representação política desse cenário: assumiu o contato com as forças da crise; abriu um espaço de participação subordinada para as organizações populares; e adotou como própria uma retórica antineoliberal, que, com o tempo, e em particular durante o conflito com as entidades patronais do campo, acabaria por amadurecer em uma vontade militante de inclusão.

Cada uma das formações micropolíticas que podem ser reconhecidas durante a sequência 2001-2019 trava relação com determinada conjuntura e desenvolve uma potência específica. Assim como as subjetividades da crise põem em jogo uma potência destituinte no contexto de uma crise que, em sua própria profundidade, bloqueia — com uso da repressão — sua capacidade de fazer amadurecer rapidamente uma nova forma política, a emergência de uma *vontade de inclusão* participativa torna-se inseparável de um contexto regional favorável e do trabalho de sapa[22] do ciclo prévio de lutas. A participação militante que acompanhou sobretudo o governo de Cristina Fernández de Kirchner, em particular a partir do conflito com as entidades patronais agropecuárias, não pode ser explicada como mero fenômeno de cooptação de organizações populares prévias. Grande parte dos grupos mobilizados não havia participado do ciclo anterior de lutas, e muitas das organizações que o fizeram, e depois se incorporaram ativamente

---

[22] Referência ao trabalho do sapador, militar encarregado de cavar fossos, trincheiras e galerias subterrâneas, geralmente em operações militares. [N.T.]

ao novo cenário, decidiram fazer isso legitimamente, com base em razões simbólicas e materiais de peso.

A passagem de uma configuração antagonista para outra, na qual se tende a criar uma mediação política de tipo progressista, não foi pacífica. Entre o Massacre de Avellaneda e a posse de Kirchner, foi se definindo lentamente o que o historiador Javier Trímboli caracteriza como a transição do povo-insurreição para o povo da vontade de inclusão, em seu livro *Sublunar: Entre el kirchnerismo y la revolución*. O horizonte já não é transformar, mas reparar. No novo horizonte da reparação, governar implica restabelecer. Na época, em um editorial do jornal *La Nación*, o jornalista conservador Joaquín Morales Solá (*apud* Trímboli, 2017) explicava que "o incômodo maior, o intruso a derrotar" não era o novo "governo de Kirchner", "relativamente confiável", mas "a presença já prolongada deste sujeito social — entre zumbis e homens das cavernas de rostos cobertos — que surgiu na esfera pública com a mudança do século". A direita se propunha a derrotar; o kirchnerismo, a convocar.

Embora fosse bem mais impreciso no princípio, o programa de inclusão foi se formando com o passar do tempo, e possui certos traços claramente identificáveis nos eixos do consumo interno (o desejo de desenvolvimento industrial e a criação de emprego; a captação, por meio do Estado, de parte da renda gerada pelas atividades extrativas e de exportação de commodities; o incentivo ao consumo mediante subsídios, planos sociais e sistemas massivos de créditos e endividamento), da reparação social (programa sociais como a Asignación Universal por Hijo,[23] políticas de direitos humanos, de reconhecimento

---

[23] Em tradução livre, "benefício universal por filho", programa social criado em 2009 na Argentina. Similar ao Bolsa Família, distribui aos mais pobres um pagamento mensal por filho, preferencialmente à mãe. [N.T.]

a minorias), da disputa contra o monopólio de comunicação (lei de serviços audiovisuais), da integração sul-americana (Unasul) e da reivindicação da figura do militante dentro das regras do sistema político vigente. Trata-se de um programa que surge ao se combinar a vocação reparatória com as necessidades de normalização da crise; um programa que busca compatibilizar o chamado à mobilização a uma garantia de rentabilidade para o capital concentrado. O surgimento da vontade de inclusão no plano das políticas públicas e das militâncias supõe, assim, uma clara conversão com respeito às potências destituintes da crise.

Em *Sublunar*, Trímboli narra a história daqueles que, seguindo os ecos da revolução dos anos 1970, foram penetrando no kirchnerismo. A constituição da vontade de inclusão não pode ser explicada sem se atentar para o estilhaçado campo dos debates culturais da década de 1990, que girava em torno do que fazer com os restos vivos daquele legado, bem como para a perplexidade de boa parte da intelectualidade argentina, que em princípio havia dado as costas ao peronismo quando da irrupção de um novo movimento de massas. Segundo Trímboli, a convocação de Kirchner atraiu uma parte importante dessas limalhas dispersas. Aquele chamado não supunha conversão, mas convergência; não invocava já a revolução, mas a história. Se a revolução tinha deixado de ter realidade prática, a história ainda poderia oferecer um vínculo vivo entre sentido e tarefa. Ao redor da história, era possível continuar a pensar politicamente e deixar para trás o consenso neoliberal dos anos 1990, vividos como o círculo vicioso de certas vidas desperdiçadas e de uma política sem encanto.

A derrota tem sua carga epistemológica, afeta a percepção, produz distorções ópticas. O que é perdido e é idealizado perturba em alguns momentos o tratamento "sublunar" — ou seja, *mundano*, não utópico — dos assuntos não resolvidos no legado da revolução.

> A política sublunar nos atraiu pela primeira vez. Líamos os jornais como nunca; fizemos cálculos eleitorais de todo tipo; não faltou quem dialogasse com um *barón del conurbano*[24] e nos sentamos em salas de ministérios; gastamos tempo — demasiado, não? — para entender como funciona a Corte Suprema de Justicia. (Trímboli, 2017)

A derrota mantém — congelada — uma imagem da mudança social que, como escreveu o filósofo espanhol Amador Fernández-Savater, não permite apreciar as variações do entorno, e impede de ver, nas mutações da rebelião, novas possibilidades políticas a desenvolver.[25] Essa carga de distorção impediu que se visse, na crise de 2001, outra coisa a não ser uma revolução frustrada ou uma antipolítica reacionária: cancelou a possibilidade de ver ali uma experiência nova. Ao mesmo tempo, é impossível entender o que foi o kirchnerismo sem aludir a essa experiência que, como toda experiência, teve o intuito de tecer um sentido capaz de dar conta de um acontecimento.

Se as expectativas revolucionárias puderam ser descritas como uma tentativa de realização do paraíso na terra, a experiência kirchnerista foi vivida por alguns de seus protagonistas — segundo propõe Trímboli — como uma tentativa de retardar e conter a realização do mal. Fazer política em épocas não revolucionárias — fazer política

---

[24] Lideranças políticas argentinas que constituem sua força em zonas da Grande Buenos Aires, região metropolitana da capital, muitas vezes lançando mão de políticas clientelistas para controlar municípios com grande concentração de pobreza. [N.T.]

[25] Amador Fernández-Savater, "No hay fracaso si hay balance: poder y potencia em el ciclo 15M-Podemos", *El Diario*, 28 jun. 2019.

não revolucionária — consiste em evitar o pior. Não mais "a vitória sempre", mas, em todo caso, uma tentativa de adiar, deter ou na verdade moderar a barbárie: interromper, em tudo que for possível, o avanço inimigo. Essa política não se faz com o "entusiasmo" que Kant associava à revolução, mas com um sentimento mais ambíguo e impreciso. Parafraseando Marx em *O 18 de brumário de Luís Bonaparte*, a vontade de inclusão não extrai sua poesia do porvir, mas de seu cancelamento. Uma vez eclipsada a sensibilidade partidária da autonomia, a virtude da vontade de inclusão se limita a aproveitar o controle do Estado para desviar parcialmente os fatalismos do mercado todo o tempo possível, postergando a inevitável consumação da catástrofe neoliberal. Segundo essa interpretação dos fatos, 2001 teria se estendido até 2015. Esses teriam sido os anos da anomalia argentina, um processo único com inflexões internas. A partir de 2015, com o triunfo de Macri, um parêntese seria encerrado, a debacle seria retomada. Uma leitura alternativa colocaria 2015 como continuação de uma mesma centralidade da experiência subjetivadora do consumo, não mais em função de mecanismos de inclusão, mas agora como convocação para se acreditar no mundo segundo meros dinamismos de mercado.

DIALÉTICA DA INCLUSÃO

É necessário nos questionarmos, portanto, sobre a ambivalência da vontade de inclusão, não porque acreditemos que as conjunturas possam se repetir, mas porque a dialética inclusão-exclusão permanece ativa e, em seus traços centrais, continua a animar o progressismo político. Além disso, a própria ideia de inclusão termina por mobilizar dinâmicas de participação "a partir de cima" e, em algumas ocasiões, desencoraja — ou descarta — perspectivas já desenvolvidas "a partir de baixo". E não é que "cima" e "baixo" devam se excluir mutuamente, ou que não exista comunicação entre dinâmicas de um tipo e de outro. A tensa interseção entre orientações opostas não deixa de ser uma oportunidade para a invenção política. No entanto, a imagem convencional da inclusão pressupõe formas de mediação social nas quais as conexões transversais são deixadas em segundo plano em prol de tipos de articulação que são, na verdade, restritos, marcados pelos próprios limites impostos pelos processos de acumulação de capital ao governo político. A expansão de direitos dentro do marco de certas estruturas econômicas e políticas não igualitárias, nas quais o excluído será incluído como figura subordinada, constitui o interesse e o limite da vontade de inclusão.

A filósofa Flavia Dezzutto chama de "mediação política progressista" o território de encontro entre o Estado e as forças populares durante o kirchnerismo. Para ela, essa mediação foi "progressista" ao obter o reconhecimento dessas forças, mas também "precária", uma vez que limitou sua potência e capacidade de autonomia, inibindo dinâmicas de construção de um poder popular.[26] Se a própria existência desse tipo de mediação supõe uma comunicação positiva entre movimentos sociais e instituições políticas, seu caráter precário procede da índole de contenção (e não de transformação sistêmica) própria desse tipo de governamentalidade. O coletivo Juguetes Perdidos também faz referência ao caráter precário da mediação progressista e ao valor que teriam as políticas assistenciais mais tarde, durante a mediação propriamente neoliberal do governo Macri. A precariedade em questão se torna um modo específico de reconhecimento de setores sociais subordinados

---

[26] Flavia Dezzutto, entrevista ao podcast *La Mar em Coche*, 28 ago. 2018.

— tanto incluídos quanto excluídos —, ao mesmo tempo que se posterga ou se nega diretamente o potencial de energia intelectual e política de atores que foram cruciais durante a crise e, uma vez que ela permanece sem solução, continuam a sê-lo.

A crítica do tipo igualitarista da dialética inclusão--exclusão, pelo contrário, supõe um jogo de mediações no qual se incrementa o poder e a autonomia dos sujeitos populares. Só que, dada a natureza fechada do dispositivo da vontade de inclusão e em função sobretudo do enorme peso comunicativo e da agressividade da contestação neoliberal, o espaço para uma crítica desse tipo torna-se particularmente difícil. Essa marginalização se acentua, além disso, por meio de um fenômeno particular: a inimizade declarada do partido neoliberal à política de direitos humanos, veiculada pela vontade de inclusão no nível das instituições do Estado. A crítica não igualitária — neoliberal — deseja aniquilar essa narrativa da memória sobre a qual tem sido elaborada boa parte da historicidade do conflito de classes no país. Diante disso, a crítica igualitarista se vê compelida a desenvolver uma linguagem própria e precisa, que lhe permita ser implantada dentro do antagonismo principal com os balanços miseráveis que a direita conservadora faz desses processos. Esses balanços são destinados a aniquilar — mediante o discurso antimáfia e anticorrupção — toda sensibilidade histórica e toda capacidade de mobilização das organizações populares.

Essa crítica igualitarista não está presente apenas para radicalizar a redistribuição de poder e de recursos segundo um ponto de vista quantitativo (aumentos salariais, rendas populares), mas também para problematizar a própria experiência do consumo por um ponto de vista qualitativo — ou seja, coloca-se como analítica da subjetivação coletiva e como reforma dos dispositivos que, sem mais, ligam desejo e mercado (que é a base, contudo, da reconstrução das políticas conservadoras). A necessidade dessa problematização foi assinalada em seu momento pelo vice-presidente da Bolívia, Álvaro García Linera, em sua reflexão posterior à derrota eleitoral no referendo que propunha uma nova reeleição da chapa que integrou com Evo Morales. García Linera se perguntava como era possível que setores sociais beneficiados com os processos de inclusão social dessem as costas ao governo que havia materializado essa transformação e votassem em propostas neoliberais. A mesma pergunta também circulou pela Argentina e pelo Brasil. As micropolíticas neoliberais cresceram na região ao calor do estímulo do consumo, de maneira tal que as mesmas iniciativas que sustentavam a renda da população pobre e trabalhadora tomavam como modelo aspirações e expectativas próprias do regime de individuação neoliberal. Mas a reflexão de García Linera se detinha ali, e em vez de avançar com hipóteses sobre outros vínculos entre consumo e mercado ele propunha corrigir esse efeito indesejado recorrendo à consciência militante e à pedagogia de massas. É possível reverter a produção neoliberal de modos de vida sem uma reorganização dos dispositivos de mercado, desde a propriedade e a gestão das empresas até as dinâmicas de endividamento?

A vontade de inclusão carece, até o momento, de reflexões políticas desse tipo, capazes de traduzir o incremento quantitativo (mais renda, mais consumo) em força de ruptura dos limites estruturais impostos pela dinâmica de configuração neoliberal das relações sociais. Nem a dialética inclusão-exclusão (que verticaliza a autoridade social) nem a mediação precária (que retira potência da autonomia das organizações sociais) têm tido a sabedoria de observar a identidade processual entre o crescimento econômico e o desenvolvimento de micropolíticas neoliberais que reforçam modos de vida ligados aos dispositivos de mercado.

Os próprios termos da dialética inclusão-exclusão já implicam uma avaliação negativa — uma desvalorização prática — dos saberes estratégicos das subjetividades da crise, protagonistas da fase anterior. O dispositivo de inclusão, tal como o conhecemos, denunciava o adiamento do acesso ao consumo e aos direitos, sem reconhecer, nos chamados "excluídos", capacidades genuínas para protagonizar uma nova cena política. A mesma pergunta que recaía sobre as figuras da crise (por que seu potencial de destituir não se traduz em constituição de uma forma política nova?) agora recai negativamente sobre o dispositivo da vontade de inclusão: por que não aproveitar aquele protagonismo que foi capaz de abrir uma situação nova diante da hegemonia neoliberal dos anos anteriores? Por que subordiná-los por meio da inclusão via consumo e direitos, em vez de colocá-los no centro de uma imaginação política capaz de seguir como motor de transformações?

Em outras palavras: o que são os períodos de aumento no consumo popular a não ser momentos oportunos para politizar os mercados, identificar novas dinâmicas coletivas, reformar e ampliar as estruturas produtivas, reinventar as próprias formas do consumo, revisar a base empresarial e de crédito, os modelos de felicidade e quais estratégias de organização coletiva eles implicam? Por que aceitar sem discussão que a dinâmica de ampliação do consumo apenas pode ser desenvolvida sobre o modelo da empresa neoliberal auxiliada pelo Estado? Caso essas questões não sejam problematizadas, a vontade de inclusão não oferece mais que uma inclusão restrita dentro dos estreitos marcos do neoliberalismo. E, ao mesmo tempo, com a exceção da irrupção dos movimentos feministas populares, não houve dinâmicas autônomas suficientemente consistentes para inventar dispositivos de politização desse tipo além da vontade de inclusão. Em todo caso, politizar o consumo significa identificar os sujeitos e as dinâmicas capazes de questionar o estreito marco neoliberal no qual se pretende incluir os excluídos. A experiência parece demonstrar que incluir e questionar a precariedade do espaço de inclusão não são coisas que possam ser feitas ao mesmo tempo. Este é o limite das teorias populistas: ou se inclui precariamente os excluídos em um espaço neoliberal auxiliado pelo Estado, ou se lê na chamada "exclusão" uma potência política que tem o intuito de problematizar a trava neoliberal sobre a democracia. A segunda alternativa implica uma mudança de atitude no que se refere à potencial ruptura dos estreitos marcos atuais, e uma vontade de redesenhar novos paradigmas de consumo, direitos e participação política.

Sem deslocar esses limites estruturais, impostos pela autoridade neoliberal, é impossível desatar forças transformadoras mais intensas. Ao mesmo tempo, não é possível suscitar essas forças sem novas articulações entre crise e inclusão. Por isso, é preciso pensar a inclusão — no que diz respeito ao consumo e a direitos — como método e premissa, e não como modelo e finalidade; como apelo a uma força capaz de romper dispositivos de mercado — modos de vida — em função de novos modos de produção e de recriação de formas de vida. Favorecer uma perversão generalizada da racionalidade neoliberal, de cada uma de suas categorias (o valor, a empresa, o crédito, a moeda, tudo), em função de uma pragmática popular-plebeia, supõe uma ampliação da luta de classes para o âmbito das micropolíticas — o que considera, por sua vez, inevitavelmente, novas formas de organização e liderança.

AS TEMPESTADES E O INCONSCIENTE COLONIAL

Para sair da dialética inclusão-exclusão e de seu bloqueio sobre a criação de formas de vida, a psicanalista e filósofa brasileira Suely Rolnik busca, na lógica das sensações, uma nova dinâmica de pensamento baseada no surgimento de mundos virtuais. Seu ponto de partida é uma imagem: uma tempestade elétrica e um para-raios. Assim ela apresenta a relação entre Gilles Deleuze e Félix Guattari. A cena se resume em três momentos: uma série de tempestades (intensidades que nos desestabilizam); certa capacidade para captar singularidades nesse caos (afectos, perceptos, ideias); uma aptidão para modular linguagens por meio das singularidades extraídas do fundo tempestuoso. A tempestade é aquilo que, ao afetar a subjetividade, desestabiliza os sujeitos. A captação dessas patologias perturbadoras é o que distingue Guattari, e a formação de uma linguagem com base nessas captações é o que aborda Deleuze.

A tempestade já é uma parte do sujeito. Rolnik a chama de "fora-do-sujeito": é como se se tratasse de uma parte de fora, sua exterioridade mais própria. Aquilo que se apresenta como violência irruptiva que apaga os mapas de referências e torna a existência caótica. Um fora-do-sujeito capaz de questionar aquilo que o sujeito tenta conservar como seu ser. Essa tempestuosa desestabilização é o que Rolnik identifica com Guattari. O que quer dizer aqui Guattari? A figura de quem se vulnerabiliza ante o caos. Vulnerabilizar-se como modo de permitir que surjam novos universos virtuais.

Essa vulnerabilidade ou fragilidade é a chave que a ajuda a dar vazão a uma subjetividade diferente daquela do sujeito que resiste ao caos, que defende sua estabilidade a todo custo. Esse sujeito é o indivíduo neoliberal, herdeiro de uma longa história que, em nosso contexto, começa com a conquista da América. Em *Esferas da insurreição: notas para uma vida não cafetinada*, Rolnik define como cartesiana a subjetivação clássica de matriz cristã. Patriarcado, catolicismo, capitalismo, colonialismo, logocentrismo são fenômenos de longa duração, que atuam sobre nossos modos de vida e conformam o que a autora chama de um *inconsciente colonial*, colocando o sujeito acima do fora-do-sujeito, instância desvalorizada a que, porém, se recorre cada vez que a estabilidade subjetiva entra em colapso e se torna imperioso criar referências de orientação.

Temos então dois momentos do sujeito. Por um lado, o sujeito como subjetividade cartesiano-neoliberal; por outro, o que Rolnik denomina fora-do-sujeito ou corpo vibrátil em diversos momentos de sua escrita. Se o sujeito é a instância na qual se estabiliza um conjunto de referências e representações úteis à vida, categorias que organizam representações e compõem um mundo simbólico, a subjetividade é a atividade que podemos desenvolver durante a tempestade, o fora-do-sujeito.

Com base nessas distinções, Rolnik estabelece uma relação direta entre o inconsciente colonial e as micropolíticas neoliberais, em função da qual se define um mundo real dominado por determinado perfil antropológico incapaz de dar lugar à emergência de territórios existenciais, de modular referências engendradas em contato com as forças plásticas do entorno. As micropolíticas neoliberais sustentam uma vontade de perdurar que resiste a atravessar o caos para extrair dali novas possibilidades vitais. Para isso, conta com todos aqueles consumos estabilizantes que impedem a emergência de universos virtuais, e que funcionam como próteses subjetivas para atenuar a fragilização. Existe assim uma intimidade essencial entre essas micropolíticas e o terror à vulnerabilidade, entre a fobia e a tempestade e o refúgio reacionário que se expressa em tendências paranoicas, agressivas e racistas. O inconsciente colonial identifica toda desestabilização como uma ameaça, e tende a se aferrar à "identidade": traça, assim, o perfil do sujeito modelo das políticas neoliberais.

O mito do dilúvio leva inscrito o terror arcaico às tempestades que arrasam com os códigos e inundam a terra habitável. Para Rolnik, Deleuze e Guattari são os referentes de uma política da subjetividade diferente, de uma lógica que parte da sensação, ou seja, das intensidades captadas na tempestade, e que dá conta dos componentes de uma nova forma de vida: afectos (mutações da potência de existir), perceptos (novas visões), conceitos (novos critérios com relação às opiniões estabelecidas). O fora-do-sujeito atua como orientação para um corpo vivente que entra em contato com a agitação do mundo, provocando modificações físico-químicas e novas imagens. Afecto e percepto se ligam com o conceito, dando lugar a uma transformação do sujeito: uma nova verdade. A trindade (afecto-percepto-conceito) expressa sempre uma alteração da potência de existir spinoziana.

O método da vulnerabilidade de Rolnik permite interromper os automatismos que bloqueiam a criação de mundos virtuais (micropolíticas neoliberais) e torna positiva a relação com a crise, liberando zonas vitais para a criação de afectos, perceptos e conceitos. Ele identifica de maneira operacional o espaço ao mesmo tempo terapêutico, estético e filosófico da criação de formas de vida em um contexto imediatamente político.

O CONSUMO LIBERTA

Do ponto de vista das micropolíticas neoliberais, o macrismo não pode ser lido como uma mera impugnação da vontade de inclusão. À medida que esta se apoiou nas formas habituais do consumo sem politizá-las a partir de seu interior, o macrismo pôde se apresentar como sua culminação ou sua fase superior, na qual o consumo se liberta da vontade de incluir. Enfatizou o que nela havia de mais conservador e a reação normalizadora à crise de 2001. O que o macrismo repudia da vontade de inclusão é o contato — a mediação social — que continua a manter com a crise. Seu objetivo é aniquilar esse contato, o aspecto progressista da mediação, e que a crise perdure somente como ameaça.

A fim de completar esse exercício de periodização, é importante conseguir identificar a linha de continuidade — nada óbvia, de fato — que atravessa o consumo, como se amadurecessem dinâmicas até certo ponto despercebidas no seio de processos que parecem afirmar o contrário disso. Porque não há pensamento da conjuntura, por mais micropolítico que se pretenda, que funcione sem determinação de datas. E, caso se trate de dar conta da passagem da crise à relegitimação neoliberal e aos termos do antagonismo atual, é inevitável pensar os efeitos gerados pela inclusão, por meio do consumo, das energias da crise nas categorias da economia política. Em outras palavras: a mutação sucessiva da paisagem social, depois da crise, não se explica sem o esforço de incluir a energia plebeia mobilizada durante essa etapa nos mecanismos do mercado — assistido pelo Estado — em relação a emprego, crédito, dívida. Essa inclusão da energia "excluída" nas noções da economia deslocou a luta social para o mercado, operando uma conversão central para ler as tensões coletivas internas à experiência do consumo: ao mesmo tempo que fortaleceu as dinâmicas de mercado interno, introduziu um elemento plebeu ativo no mercado, que tendeu por alguns momentos a pressionar pelo aumento dos prazeres e das possibilidades de mobilidade por meio de uma espécie de luta salarial de sujeitos sem acordos coletivos de trabalho nem assembleias nas ruas.[27] Essa presença plebeia na economia, e as ocasiões nas quais ela chegou a extravasar a austeridade estabelecida durante o governo Macri, é particularmente importante na hora de captar tudo o que foi traduzido como luta política no interior da economia.

A vontade de inclusão deu lugar, então, a um fenômeno de extravasamento que não chegou a se desenvolver como hipótese política — uma hipótese segundo a qual a democracia é igualitária quando as lutas se desenvolvem na e por meio da própria economia, e que na atualidade se confirma dentro dos movimentos feministas. A outra face do que foi nomeado mais acima como mediação social precária, ou seja, a própria mediação, mas vista a partir de baixo pelos novos sujeitos do consumo, pôde muito bem ter sido uma das melhores sementes do kirchnerismo: a presença da crise dentro do mercado, a própria aberração plebeia desenvolvida dentro das categorias da economia política. Durante esses anos, no blog *Lobo Suelto*, Diego Valeriano expressou essa experiência em centenas de haicais dedicados ao "potencial liberador do consumo". Se, por um lado, a compreensão populista da inclusão pelo consumo inscreve o fenômeno dentro da expectativa do pleno emprego e da generalização da condição salarial, a concepção plebeia destaca, por outro lado, a apropriação da rua como gesto de irreverência igualitarista no próprio cerne das práticas mercantis e financeiras, como um arrebatamento que passa da festa do consumo à rejeição do controle e do ajuste. Em lugar de um New Deal, há uma pulsão

---

[27] *Paritarias callejeras*, no original, eventos em que os trabalhadores, reunidos nas ruas, pressionam politicamente por melhores acordos com seus patrões. [N.T.]

que, projetada politicamente, reforça o desejo coletivo de *welfare*. A diferença principal em relação às leituras populistas do período kirchnerista enraíza-se no potencial democrático que Diego Valeriano detecta nas práticas populares realmente existentes, ou seja, nas estratégias territoriais desenvolvidas dentro e nos limites do mercado, em desacato oportunista diante de toda visão pedagógica ou regeneradora do âmbito popular que transborda senso comum por meio das instituições da inclusão.

O que interessa na abordagem de Valeriano é o deslocamento do olhar, quase um detalhe metodológico: como exercitar uma inversão radical da perspectiva. Em vez de assumir a cena política tal como é apresentada na linguagem da comunicação, Valeriano se situa de modo direto no espaço-tempo plebeu que, com sua própria evolução a partir da crise de 2001, sobrevive como imaginação *barrial*.[28] Essa mudança o leva a descrever o período 2001-2019 segundo uma sequência particular: 2001 é a fome, a comunidade e o piquete (Ignacio Lewkowicz se referia a esse período como a "festa desesperada"); a vontade de inclusão é dinheiro e presença nas ruas (festa do consumo) e a pressão de cada dezembro para reabrir negociações paritárias nas ruas; e 2015 — ou 2013 — é o frio do fim da festa. Nas palavras de Valeriano:

> Nem filha, nem trabalhador, nem classe, nem operário qualificado, nem lumpesinato, que dirá ascender socialmente. Deserção de todas as normas. Começar, marcar posição, colocar uma barraquinha de sanduíche na Ruta 4, mudar

---

[28] O vocábulo *barrial*, esclarece o autor, diz respeito a bairros populares, habitualmente sem serviços sanitários nem infraestrutura, mas não necessariamente favelas. [N.T.]

de mil formas, ser malandro, ser entregador,[29] ser bandido.
Nem aluna, nem office-boy, nem peão, nenhuma corrida
longa, nem futuro, nem pobre. Motorista particular
que vende droga, pau-mandado, ir à manifestação para
ganhar o lanche. Não aceitar as regras do jogo, fazer novas,
abandoná-las conforme a conveniência. Transformar-se em
confronto a céu aberto. Tênis de bandido, bebida barata do
mercadinho chinês, todas as bandidas dançando de sutiã,[30]
os negros virados sem camisa num domingo. Uma gestão
disposta da existência, não aceitar o pouco que lhe cabe.

O consumo, em sua crua nudez, libera, enquanto força
que dá e recebe movimento, enquanto movimento que
empurra outras forças para se intensificar; enquanto algo
que extravasa, que devora, que rompe. Movimento que
provoca metamorfoses contínuas nas vidas, nos vínculos
e nos territórios até torná-los incompreensíveis, inabarcáveis,
irracionalizáveis. Ingovernáveis e profundamente abundantes.

Desata formas de vidas inauditas, medos, rebeliões
e resistências permanentes. Pura prepotência
emancipadora. É revolta de rua, em um conflito
que, se vacilar, podem te roubar a qualquer momento.
É uma festa até a morte, pura vitalidade.

As decisões que têm sido tomadas, a existência,
o que acontece e o que não, isso se produz por fora das
obrigações e dos direitos, por fora de todo imperativo
moral, por fora das regras. A vida adquire sentido apenas
por meio do consumo. Esse consumo que se faz a cada
vez, que se faz dia a dia, que às vezes é de pedras, às vezes

[29] *Glover*, no original, refere-se aos entregadores informais que trabalham para o aplicativo Glovo. [N.T.]
[30] *Rochas bailando en corpiño*, no original. O autor explica que *rochas* é o mesmo que *chorras*, em estratégia típica da fala popular de inverter sílabas. *Rocha* é um emprego popular para se referir às ladras provenientes e pertencentes ao universo popular. [N.T.]

de postos, às vezes trabalho, às vezes traficantezinho, às vezes plano, às vezes festa e às vezes outra vez de pedras.

Um estado de ânimo que se sente logo ao pisar em qualquer feira. Uma agitação mais inacessível, mais íntima, mais genuína e que metamorfoseia a existência rumo a uma vida intensificada, exaltada e com sentido. Impossível estar melhor e, ao mesmo tempo, mortal.

A sequência se repete: um grupo de garotas e garotos em desacato, ágeis e astutos em sua relação com certos territórios deflagrados, hábeis para se desenvolver nos interstícios das economias informais, atrevidos para aproveitar, malandros e insolentes com a autoridade, incondicionais na emoção ante o gesto de rebeldia, acostumados a lidar com a violência familiar, machista, mas também com o desprezo disfarçado de bons sentimentos dos setores médios e de seus ideais progressistas.

O lema de Diego Valeriano, "o consumo liberta", capta a dinâmica de insubmissão tal qual ela se dá, sem organização política, mas com vivência coletiva (tramas familiares, de grupos, de feira, de praças), na pulsão por viver e aproveitar o interior mesmo das relações de mercado, mas contra toda tentativa de disciplinamento. Trata-se de um movimento lateral, ou que retrocede no território, ou que está prestes a explodir; em todos os casos, é uma energia que pressiona por mais (a rua contra o ajuste) e que traduz dinheiro em intensidade (quantidade em qualidade), que filtra e reelabora elementos identitários dos mais variados — migratórios, de gênero etc. —, visibilidades incômodas e anomalias surgidas das formas submersas (ultraprecárias) do trabalho.

Liberar é ampliar a capacidade de circulação e apropriação de recursos para o prazer, em um contexto de precariedade que torna ilusório todo pacto social estável.

A hipótese de que a vontade de inclusão não se atreveu a desenvolver é a seguinte: a proliferação de uma forma de vida plebeia, à margem do velho pacto populista (um New Deal versão peronista), capaz de se alimentar das relações de mercado, de se nutrir com estratégias próprias das crises e de resistir às políticas de austeridade, teria dado lugar a uma nova pragmática em relação à luta pelo consumo. Essa pragmática pode ser qualificada como plebeia menos por sua realidade sociológica do que, pelo contrário, por um ponto de vista puramente maquinal: coloca em ação um tipo de funcionamento *centrífugo*, um extravasamento ocasional e, às vezes, apenas gestual da regulação burguesa da existência, cuja estrutura não é capaz de transformar nem se propõe a fazê-lo. O âmbito plebeu está vinculado às percepções específicas de um sujeito que não é nem puramente vítima nem puramente passivo, que não se deixa tomar como um excluído a incluir nem como um empreendedor a incentivar.

PESQUISA POLÍTICA E INIMIZADE

Não há meio de evitar os pontos cegos, é impossível ver tudo. Agir, afirmar algo, implica perder perspectiva panorâmica. Cada potência micropolítica, e sua correspondente conjuntura intensa, pode também ser entendida por meio das práticas discursivas que gera para dar conta das mutações em curso. A natureza das intervenções discursivas presentes em uma conjuntura pode ser considerada em função de como se apoiam em certo esquema formal destinado a racionalizar o movimento do real, ou mesmo por sua tentativa de acompanhar a atividade erosiva que esses movimentos realizam, às vezes aberta, às vezes sub--repticiamente, sobre os dispositivos neoliberais de poder.

Em decorrência da crise de 2001, retomamos, no coletivo Situaciones, a experiência da pesquisa militante (ou seja, uma pesquisa que se realizava em conjunto com os sujeitos em luta), que no passado havia tentado produzir, na América Latina, um pensamento crítico capaz de se conectar com a ação social transformadora. Diferentemente da pesquisa acadêmica, na pesquisa política

> trata-se de trabalhar em coletivos autônomos que não obedeçam a regras impostas pela academia. Não se pretende utilizar as experiências como campo de confirmação das hipóteses de laboratório, mas estabelecer um vínculo positivo com os saberes subalternos, dispersos e ocultos, para produzir um corpo de *saberes práticos de contrapoder.*[31]

A finalidade última da pesquisa militante é constituir uma experiência autônoma da inteligência coletiva.

A renúncia de uma linha ou esquema determinado, em conjunturas de antagonismo aberto, como ponto de partida para participar dos processos de subjetivação em curso, permitiu que muitos coletivos de ativistas, pesquisadores, comunicadores e artistas experimentassem novas sínteses entre formas de conhecimento e organização política. Já a vontade de inclusão teve sua configuração discursiva mais original em Carta Abierta, assembleia de intelectuais militantes formada em 2008, durante o conflito com as entidades patronais do agronegócio. Sua intervenção fundamental foi a denúncia dos discursos destituintes dos grandes meios de comunicação. O macrismo, por sua vez, apostou no plano do saber pelas técnicas de pesquisa e comunicação provenientes dos estudos de mercado,

---

[31] Colectivo Situaciones, "Sobre el militante investigador, para Canadá (20 set. 2003)", *Lobo Suelto*, 10 set. 2009.

como o grupo focal.³² Cada uma dessas modalidades de leitura supõe um mecanismo de articulação da inteligência social e um modo de relacionar, no plano da linguagem, antagonismo social, inteligência coletiva e inovação. Da pesquisa militante nos bairros até a congregação de profissionais e docentes militantes ou o grupo focal, o que existe é uma sucessão de diferentes sínteses de conhecimento e organização micropolítica que delineiam, cada uma a seu modo e com uma intensidade específica, a combinação entre discursividade e inimizade.

Carta Abierta constituiu um dos principais esforços para descrever a situação pelo ângulo próprio da vontade de inclusão. Embora seus primeiros animadores visíveis tenham sido Nicolás Casullo e Horacio González, a corrente de ideias que se colocou ali em jogo aproximou-se das filosofias do populismo desenvolvidas sobretudo por Ernesto Laclau e Jorge Alemán, autores que contribuíram com um desenvolvimento reflexivo sofisticado para alicerçar a subjetividade militante e a crítica tanto do conservadorismo político quanto dos modos de vida neoliberais. A teoria populista abriu um caminho próprio para a argumentação, cujo ponto forte é a consumação de uma categorização do campo político baseada na linguística e em uma atenção detalhada da lógica discursiva, enquanto seu ponto mais fraco é certo desinteresse pela dinâmica de acumulação de capital como determinação material incontornável da subjetividade e do espaço a se politizar.

O tom particularmente defensivo da intelectualidade vinculada à vontade de inclusão provém da conjuntura: foi

32 Também conhecido pela expressão estrangeira *focus group*, trata-se de um método de pesquisa qualitativa que pretende, por meio de entrevistas em grupo, colher opiniões dos participantes a respeito de determinado assunto, produto, serviço etc. É largamente utilizado como estratégia de marketing, mas também se aplica a outras áreas de conhecimento. [N.E.]

uma resposta a uma ofensiva insistente de setores conservadores que apoiaram, em primeiro lugar, as entidades patronais rurais (2008), e depois organizaram grandes manifestações e panelaços exigindo a desregulamentação da compra de dólares (2012). O influente pensamento de Laclau — que concebe o âmbito político em relação à produção de hegemonia como prática de articulação discursiva de demandas em um contexto de insulamento conservador do sistema político — foi o marco conceitual de um recolhimento no qual se acentuou o caráter simbólico da prática política em detrimento de suas possibilidades de politização da economia. Esse campo foi assim subestimado como uma dimensão meramente material e objetiva, em vez de ser valorizado enquanto subjetividade adensada e simbolismo concentrado.

Tanto o intelectual político como o político profissional que se informa lendo pesquisas — e que aceita docilmente essas mediações cognitivas sem problematizá-las — renunciam de antemão à tarefa maquiaveliana de ler na divisão social, no sintoma, um potencial cognitivo heterogêneo (novos afectos, perceptos e conceitos) e, ali, novas possibilidades de constituição de hegemonias. A pesquisa política é uma tarefa estratégica, ela mesma constitutiva de subjetividade política, um instrumento de articulação de uma intelectualidade coletiva.

A tecnologia política do saber representada no grupo focal ou no coaching instrumentaliza uma leitura excessivamente ordenadora desses signos, cujo principal e enfático objetivo é a legitimação do estado de coisas. Opõe-se, ponto por ponto, à pesquisa que busca a curiosidade pelo que aparece como vivo no âmbito social, os focos de produção de movimentos e saberes, e aposta em organizar a reflexão ao redor dos mecanismos de exploração da atividade cooperativa, que se tornam cada vez mais abstratos (patentes, renda financeira, mecanismos de endividamento etc.). Essa pesquisa tem como foco a produção de uma inteligência popular autônoma, capaz de elaborar conhecimentos politicamente úteis sobre as dinâmicas de valorização-exploração, mas também de dar lugar a formas de autovalorização, de neutralizar a presença do controle neoliberal em relação à vida sob a forma de lógicas de desapropriação dos corpos, privatização dos territórios e conhecimentos, e formas de violência sexista, racista, classista. Trata-se de um vetor imprescindível da inimizade. Uma hostilidade com as formas de poder que resiste a ser essencializada.

A pesquisa política tem como objetivo que a leitura e a produção de discurso se relacionem a práticas situadas. Ela nos traz uma imagem nova do intelectual, distanciada daquela como profissional, como possuidor de um saber específico ou organizador do campo cultural. Não se trata mais do funcionário da superestrutura ideológica, mas do operador de conhecimentos favoráveis à autonomização da cooperação.

Em seu belo livro insurrecional, *Aos nossos amigos*, o Comitê Invisível propõe a figura do amigo como aquele com quem se une forças para desafiar a ordem da época. Reunir forças é algo diferente de chegar a um consenso sobre opiniões. A amizade remete à forma de vida e a uma compreensão não culturalista da hegemonia. Na filosofia de Spinoza, define-se a amizade como "sinceridade", como uma experiência de utilidade comum. Como estrutura do comum, ela está na base do projeto de estratégias no âmbito de uma afetividade não neoliberal, na qual o coletivo não emerge como associação de indivíduos, e sim como processo de individuação alternativo ao neoliberal.

Desafiar a época; tornar-se forte na sensação de não se enquadrar; politizar o mal-estar; escutar o sintoma;

vulnerabilizar-se diante da tempestade; todas as imagens de uma vitalidade muito diferente da afirmação viril do produtivismo. Uma afetividade não neoliberal pode dar lugar a um vitalismo turvo, impuro, que extraia sua força da experiência da fragilidade. Talvez a percepção politicista não seja capaz de captar o potencial sintomático dessas afetividades, de suas possíveis concreções políticas. A pesquisa é inseparável do traçado de uma linha de amizade/inimizade desessencializada.

TEORIA DA MILITÂNCIA

O dispositivo de tomada de decisões vem determinado pela forma de acumulação vigente. Passar a decisão a novos atores e incorporar aqueles que denunciam os modos de exploração pressupõe colocar em discussão justamente os mecanismos de valorização em curso. Economia e democracia são dois lados da mesma moeda. O desprezo pelas formas coletivas de ativismo que não se submetem à condução política pressupõe uma fragilidade e uma rigidez em relação à dinâmica da luta de classes. O confronto com as corporações e os grandes meios de comunicação se completa quando são gerados novos espaços de poder popular, que materializam essa enunciação de ruptura e lhe dão um novo respaldo. De outro modo, o confronto fica apartado daquele que o pode realizar; dramatiza um enfrentamento ao mesmo tempo que neutraliza a constituição dos dispositivos necessários para levá-lo a cabo. Torna-se impossível conceber uma mediação democrática dinâmica sem que se amplie, de fato, a tomada de decisões sobre questões cotidianas, de importância fundamental no âmbito da reprodução biopolítica.

Em seu livro *Teoría de la militancia: Organización y poder popular*, Damián Selci reflete sobre os limites da vontade

de inclusão ou, melhor dizendo, da teoria populista.
A situação iniciada em 2015, com o triunfo eleitoral de
Macri, leva-o a investigar a que limites chegou essa teoria, com o objetivo de radicalizá-la e de se aprofundar nos
problemas práticos da estratégia. Se a teoria de Laclau
pensou a contradição entre povo e oligarquia, Selci realiza
o movimento imanente a partir do povo — agora dividido entre a parcela voltada ao neoliberalismo e a parcela
organizada politicamente — rumo à figura da militância.
Esse movimento ocorre no interior da filosofia populista,
deslocando a dialética da inclusão por meio da postulação
da organização de quadros políticos. A teoria da militância
já não se detém nas demandas de inclusão (sempre dirigidas a um "outro"), mas se direciona para o quadro político
organizado que se encarrega de assumir sua responsabilidade pelo mundo.

A renovação do pensamento populista passa por sua
capacidade de conceber a divisão no interior mesmo do
povo, por captar a interiorização do antagonismo e reconhecer que, na prática, a parte não organizada da sociedade
está mais sensível à influência do neoliberalismo. A contradição povo/oligarquia permitia, à primeira geração de
pensadores populistas, sustentar que o processo de equivalências de demandas constituía o âmbito popular como
tal. Mas a divisão atual no seio do povo, que torna necessário pensar depois de 2015, obriga a substituir a posição
subjetiva da demanda pela responsabilidade. Politizar não
é mais solicitar, mas assumir responsabilidade aqui e agora.
O povo da demanda — sustenta Selci — não é o mesmo
que se organiza. Trata-se de assumir a passagem a uma
teoria da militância cujo ponto de partida é a crítica da *inocência do povo*. Dividir o âmbito popular é avançar. Junto de

um povo conservador, *cualunque*,[33] que vota em Macri, há outro povo *empoderado*, que apoia Cristina Kirchner. O que cabe pensar agora é que esse povo militante e a filosofia do acontecimento de Alain Badiou fornecerão as categorias necessárias. O militante da teoria de Selci é alguém que sofreu uma conversão, cujo produto descobriu a si próprio como sujeito responsável. Viver o acontecimento político permite fazer a distinção entre o militante organizado (forma de vida) e o indivíduo pertencente ao povo *cualunque* (modo de vida). Mais que um sintoma e movimento (aquilo que não se enquadra e que pressiona pela invenção de novas formas de responsabilidade), evento e conversão (o próprio kirchnerismo enquanto convite a uma vida nova, tomada pela experiência da luta política). A antinomia povo/oligarquia torna-se oposição entre o *cualunque* — consumidor hedonista, esquivo, passadista — e o militante que assume a fundo o compromisso em relação aos problemas coletivos. E essa conversão implica um renascimento completo, uma disposição total no que se refere à linha da condução da organização de quadros.

A teoria da militância é rigorosa ao tirar conclusões da derrota política e fiel até o fim a uma teoria da condução estruturada como chave e condição para todo avanço. Ela busca recriar a vontade de inclusão a partir do acontecimento participativo colocado em marcha após o conflito com o campo, sem que nenhum fenômeno lateral, anterior ou posterior, comova sua fé no potencial de conversão que a organização oferece. Essa fé é, de certo ponto de vista,

---

[33] Selci esclarece, na introdução de seu livro, que "O *cualunquismo* designa o culto ao homem comum, pai de família, defensor da propriedade, simultaneamente de direita e despolitizado. A denominação surgiu na Itália por volta de 1945 e foi veiculada pela revista satírica *L'uomo qualunque*. Entre os precursores do '*cualunquismo*' estava Giorgio Macri, avô de Mauricio Macri" (Selci, 2018).

um antimaquiavelismo. Ao reduzir o príncipe à organização militante e à conversão subjetiva do indivíduo, renuncia-se a reconhecer qualquer força política nas dinâmicas sociais não estruturadas, naquelas formas de responsabilidade coletiva que não se organizam em torno de um dispositivo centralizado e vertical.

O que está em discussão é a própria figura do príncipe contemporâneo. Não é o mesmo que confiar na linha da organização e elaborar um saber histórico e político por meio das lacunas abertas pelas lutas populares contra os poderosos (os "grandes", na linguagem do "agudíssimo florentino"). O potencial cognitivo das lutas supõe uma divisão contínua do campo popular, mas também um reconhecimento das estratégias coletivas de contrapoder que extravasam as estruturas do militante de partido organizado. Essas lutas lançam nova luz sobre aspectos obscuros da rede causal que determina a densidade de uma temporalidade. Essa luz e essa densidade não podem ser interpretadas por meio de uma estrutura prévia, já configurada, incapaz de se refazer na comoção que essas lutas supõem. Daí a importância do vínculo entre a fortuna — o fator incalculável das lutas coletivas — que desestabiliza e a virtude — a ação que traduz o valor das lutas em dispositivos de subjetivação e antagonismo — que cria república.

Em seu livro clássico sobre o florentino, *Maquiavelo: Lecturas de lo político*, Claude Lefort assinala que a divisão social constitui o próprio centro do âmbito político, entendido como uma atividade ligada à fundação da cidade. "Maquiavel tem a ideia de que a sociedade está sempre dividida entre os que querem dominar e os que não querem ser dominados" (Lefort, 2010). Essa divisão é instituinte e fundamenta a tarefa de um novo poder político. Segundo Lefort, para Maquiavel a fecundidade do âmbito político se encontra nos "tumultos" suscitados pelo "desejo de liberdade do povo", ou seja, no conflito em relação aos humores contrapostos daqueles que desejam "mandar e oprimir" e daqueles que não aceitam ser mandados nem oprimidos. A produtividade do âmbito político está na própria divisão desejante, uma vez que "a resistência do povo e, mais ainda, suas reivindicações, são a condição de uma relação fecunda com a lei que se manifesta na modificação das leis estabelecidas" (Lefort, 2010). Os humores evocam, então, uma força que vem de baixo, que resiste à opressão e se dirige à instauração de um regime de governo fundado na liberdade política. Mais que uma conversão subjetiva nos termos de uma ascese, Lefort vê em Maquiavel a primeira grande abolição da relação do ser humano com Deus e sua substituição por uma relação do ser humano com a besta.

A insistência em que todo avanço efetivo depende eminentemente de uma organização firme, estruturada e vertical situa uma ideia da verdade por cima do ponto de vista da prática política, dos conflitos e dos diversos modos de protagonismo coletivo. Propõe uma imagem demasiado celestial do corpo disciplinado que se oferece para a condução, como afastado do corpo bestial do âmbito político, tanto quanto se reanima no elemento plebeu pelo qual circulam os humores e os desejos que determinam saberes coletivos e possibilidades políticas transformadoras.

O que certo maquiavelismo de esquerda poderia censurar no populismo de segunda geração é a *descontinuidade* mantida entre luta social e condução política. Essa *autonomia da esfera política* acaba por ser uma autonomia a respeito da divisão social: reduz a esfera política a uma teoria técnica e separada da condução. A insistência na pesquisa política, contudo, surge da preocupação por sustentar um *contínuo*, por vincular a divisão ao problema da decisão, diluindo o obstáculo da racionalização idealista dos processos reais e deduzindo o acontecimento da materialidade efetiva do antagonismo. Os limites da vontade de inclusão são os dessa *descontinuidade* própria da autonomia da esfera política enquanto limitação da práxis para a participação no controle do aparato de Estado. A crítica ao âmbito político descontinuado é a despolitização da esfera social e dos processos micropolíticos como momentos de elaboração de mediações.

A CORRUPÇÃO COMO BALANÇO CANALHA

A crítica reacionária da mediação precária ocorreu por meio da linguagem da corrupção. Em 2015, um amplo consenso operou para fazer um balanço destrutivo da vontade de inclusão e permitir o avanço neoliberal. Desde então, a *corrupção* funciona como uma estratégia específica (com a *transparência* como sua categoria-chave), cujo efeito desejado é a neutralização moral do âmbito político e uma tentativa de traçar uma linha definitiva — e improvável — entre um antes e um depois. É necessário, por um ângulo diametralmente oposto, realizar um balanço crítico da vontade de inclusão como variante frágil do campo neoliberal, incapaz por si só de fazer frente às reiterações ofensivas neoliberal-conservadoras. Fazer essa crítica exige uma linguagem apropriada, autônoma e rigorosa, que não aceite nenhum ponto em comum com a recusa conservadora que tem como intuito eliminar qualquer presença de elementos plebeus e igualitaristas na retórica populista.

A corrupção como categoria política faz parte de uma teoria e de uma linguagem de substituição que procuram liquidar toda noção histórica de inspiração crítica ou igualitarista. O apelo a valores de honestidade e transparência como horizontes da práxis coletiva supõe a atrofia do legado das revoluções. A moralização das condutas e a apologia de um ideal de ausência de conflito tendem a consumar a despolitização do processo genético do qual surgiu o lema de igualdade, liberdade e fraternidade. O espetáculo da corrupção substitui, no processo da compreensão da esfera social, a pesquisa sobre os mecanismos de exploração. Denunciar os corruptos e reivindicar sua decência remete a um tipo de ação midiática muito distinta do questionamento subversivo pelo qual as classes subalternas desvelam mecanismos de dominação e constituem o espaço público. Não se trata de evitar o problema da corrupção invocando fenômenos mais estruturais, mas de colocar os dois problemas ao lado de suas correlações exatas: não é um mero detalhe o fato de ter sido o próprio marxismo crítico o que elaborou primeiro e melhor uma compreensão sobre a degeneração da União Soviética como burocratização do Estado operário. A filosofia materialista fez um uso historicamente fértil do conceito clássico da corrupção das formas de governo. Não se tratou de uma mera denúncia da formação de uma camada ou classe corrupta no poder, mas da caracterização profunda de um processo de decomposição da subjetividade comunista, da destruição do tecido coletivo e libertário do qual se esperava ver surgir uma sociedade sem classes. A categoria da corrupção, empregada segundo um ponto de vista político revolucionário, soube transcender o juízo moral e a tipificação penal na direção de uma analítica da formação e da decomposição das forças históricas.

Terminada a Guerra Fria, inaugurou-se um período novo, no qual as classes dominantes já não eram confrontadas com um modelo alternativo de organização da reprodução social. O empresário, e não mais o revolucionário, passou a ser o herói da sociedade. O fim da ameaça socialista favoreceu uma crítica não radical do neoliberalismo, fundada em valores religiosos. A Igreja católica foi pioneira nisso: após renunciar à teologia da libertação, elaborou um discurso não radicalizado dos males do capitalismo como modo de herdar os temas da injustiça que, depois da Revolução Cubana, haviam passado para as mãos das esquerdas políticas. Pobreza e corrupção foram, desde então, dois dos eixos fundamentais da denúncia política; e foi a segunda a que teve melhor efeito no período posterior à transição democrática — uma vez suprimida a ameaça do partido militar (no caso da Argentina, após a guerra das Malvinas) e enfraquecido o desafio operário e socialista, a retórica da anticorrupção dominou a cena política. Na Argentina menemista dos anos 1990, foi o progressismo que carregou essas bandeiras, abrindo as portas para um discurso liberal-republicano em forte contradição com as formas prévias de politização: não se tratava mais de criticar o modo de acumulação (essencialmente corrupto), mas de lhe outorgar transparência. O consenso da anticorrupção foi gerado pelas corporações econômicas, midiáticas, eclesiásticas e políticas como um mecanismo para revezar a representação política sem retomar a crítica ao modo de acumulação. Como registra Horacio Verbitsky em *Robo para la corona*,[34] a denúncia da corrupção raramente chega a iluminar a verdadeira mecânica de uma corrupção de tipo estrutural, que transfere a mais-valia social a mãos privadas por meio dos mais variados mecanismos financeiros e dispositivos estatais.

No contexto sul-americano atual, o discurso contra a corrupção assume uma tarefa nova e específica: a de desativar toda relação entre fundos públicos e organizações sociais, relação fundamental para viabilizar instâncias experimentais que procuram superar as formas liberais de

---

[34] Em tradução livre, "roubo para a coroa", expressão atribuída a um ministro do Interior do governo de Carlos Menem (1989-1999), presidente cuja gestão foi marcada por vários escândalos de corrupção. [N.T.]

governo. Para alcançar esse objetivo, confunde mecanismos tão díspares quanto a arrecadação de dinheiro para o financiamento de campanhas eleitorais por meio de obras públicas e outras contratações do Estado (hábito tradicional durante décadas dos partidos governistas), a transferência de recursos para organizações populares e o enriquecimento privado ilegal de funcionários e empresários. Desfazer essa confusão intencional, diferenciando tais práticas, permite desarmar a crítica reacionária dos fenômenos de inclusão social para colocar a mais urgente e radical crítica igualitarista da mediação precária, que reduziu a experimentação social ao espaço restrito do controle político. Sem uma crítica igualitarista da mediação precária, a crítica liberal do discurso anticorrupção se transforma em uma refutação de toda relação democrática possível entre recursos públicos e comunidade. Não é essa relação que se deve impugnar, e sim o código estatista com o qual o pensamento populista a concebe. A crítica da corrupção é a versão mistificada e reacionária da crítica da mediação precária.

Se o principal problema político pendente a partir de 2001 é o da constituição de uma mediação ativa, com protagonismo popular e comunitário, a linguagem da corrupção bloqueia essa formulação ao impedir que se elabore uma recusa autenticamente democrática da mediação precária, derivada da relação entre modos de acumulação econômica e política. Na verdade, o discurso da anticorrupção visa restringir a existência de toda mediação dinâmica, em nome de um campo visual e moral que ele acredita ser fundado em hierarquias nítidas e inabaláveis.

AS APORIAS DA REVOLUÇÃO

Uma vez assinalado o fato de que o discurso da corrupção faz parte de uma estratégia de ataque à democracia desferido dentro do marco do Estado de direito, vale a pena retomar a tentativa de discutir os limites da vontade de inclusão por um ponto de vista absolutamente oposto. Na reflexão autocrítica já mencionada, García Linera defendia que os governos progressistas da região haviam sido eficazes na tarefa de incluir milhões de pessoas no consumo popular — e também em beneficiá-las com a atribuição de uma rede de direitos que antes lhes eram negados —, mas não souberam evitar que esses mesmos segmentos da população se subjetivassem de um modo neoliberal, assumindo hábitos e aspirações elaboradas nos modos de individuação próprios das redes sociais virtuais. Ele conclui, então, que faltou trabalho ideológico, insistência pedagógica, presença militante, mecanismos capazes de contrapor aqueles efeitos indesejados do processo de inclusão. A tese de García Linera pode ser apresentada da seguinte maneira: todo governo de inspiração socialista deverá assumir que, enquanto perdure a produção capitalista, será preciso contrapor seu poder subjetivador por meio de iniciativas redistributivas e pedagógicas que se tornam factíveis quando se detém o controle do Estado.

Dito de outro modo, é necessário assumir, como dado permanente da situação política, a potência subjetivadora da lei do valor que vigora nas sociedades capitalistas. Durante todo o século XX, as revoluções socialistas se colocaram esse problema, sem encontrar uma solução definitiva. Nas condições atuais, longe das conjunturas daquelas revoluções, como evitar que a ação dos fluxos de capital, que o próprio Estado progressista promove para sustentar a vitalidade de sua economia, acabe por fortalecer modos de vida subordinados à autoridade dos mercados? Dada a impotência política do Estado para lidar com esse problema, como situar a questão da emergência de formas de vida não neoliberais em um contexto neoliberal? García Linera se faz essas perguntas em seu livro *O que é uma revolução?*, no qual reflete sobre o assim chamado "último" Lênin, promotor da Nova Política Econômica (NEP): depois da guerra civil e da "economia de guerra", a NEP previa a participação de capitais transnacionais sob o controle do proletariado, ou seja, do Estado soviético. García Linera retoma esse ponto de vista e assume que a função que adota a estatalidade deve consistir, basicamente, em preservar o espaço necessário para que as forças não capitalistas se fortaleçam e deem lugar à nova sociedade, e em ganhar tempo para que outros processos revolucionários ampliem o campo de experimentação. Mas esse modo de conceber a institucionalidade estatal como fiador do poder social revolucionário é problemático — foi para a Rússia soviética de Lênin, e ainda mais para a Bolívia de Evo Morales — em virtude de uma aporia interna bem conhecida tanto por Lênin quanto por García Linera. O fato é que o Estado não possui os meios para criar a sociedade nova, que de nenhum modo pode ser criada a partir de cima.

Quando se deposita todas as expectativas no Estado, não é porque se espere dele a criação de formas de vida, mas porque se percebe — com realismo histórico — que as energias vulcânicas ativas na insurreição popular em algum momento decaem, e que, se a relação de forças do momento insurrecional não se consolida por meio das instituições, a contrarrevolução será irrefreável. Desse modo, a teoria política revolucionária acaba substituindo a dinâmica insurrecional pelo peso do Estado. Isso quer dizer que o complexo processo pelo qual o velho — como se estabelecem a autoridade e o intercâmbio da sociedade burguesa — não termina de morrer e o novo — os novos caminhos para decidir e produzir em comum — não termina de nascer ocorrerá sob a coação de um poder estatal cuja justificativa histórica não é gestar novos modos de produção, mas garantir a hegemonia revolucionária do poder político. Mesmo desconsiderando o fato de que não possa ser possível falar de revolução em relação a todos os países da América do Sul onde foram vividas experiências de governos progressistas, fica posta a seguinte questão: o que exatamente significa "hegemonia revolucionária do poder político", uma vez que tem se admitido, ao mesmo tempo, que a nova sociedade apenas pode irromper de baixo e que nesse baixo reina a lei do valor?

LEI DO VALOR E FORMA DE VIDA

Em um texto de 1965, "O socialismo e o homem em Cuba", Ernesto Che Guevara expôs claramente o problema do poder subjetivador da mercadoria, tal e como subsiste no socialismo: "A base econômica adotada tem feito seu trabalho de corrosão sobre o desenvolvimento da consciência" (Guevara, 1975). Não basta a indispensável mudança nas instituições e a redistribuição de bens; é necessário também mudar o próprio modo como se produz riqueza e, no fundo, o modo como mulheres e homens produzem mulheres e homens. Mais que *esperar* o comunismo, trata-se de *construí-lo*. Simultaneamente à constituição de uma nova economia, é necessário conceber uma humanidade nova. Em que pensava Guevara ao advertir que o socialismo não deveria ser concebido como mero tempo de espera? O ponto de partida de sua colocação é a identificação das forças que bloqueiam o impulso transformador da subjetividade na chamada "transição revolucionária": esse bloqueio remete, para ele, à manutenção da *lei do valor* na sociedade socialista, fonte de "frio ordenamento" que rege a produção de mercadorias e opera na base de um modo determinado de individualização humana.

Para a tradição marxista, a lei do valor que rege as sociedades mercantis-capitalistas permite compreender os seguintes pontos: (a) as relações laborais de produção entre as pessoas adquirem a forma do valor das coisas; (b) como consequência, produz-se uma subordinação do valor de uso ao de troca; (c) a formação do trabalho, como substância comum e abstrata que reúne todas as atividades da produção em uma magnitude determinável do valor, expressa o vínculo existente entre determinada mercadoria e parte do tempo social necessário para sua produção. Desse modo, a lei do valor compõe a própria estrutura das relações de exploração (a lei do valor é um capítulo da lei da mais-valia) e explica a racionalidade para as operações dos capitalistas, assim como as ações que tendem a conservar o equilíbrio social em meio aos desajustes e estragos provenientes da falta de um planejamento racional da produção.

Dada a influência subjetivadora da lei do valor, Guevara não acreditava ser possível constituir uma sociedade nova se as estruturas que a embasam não fossem transformadas. Sua resposta a esse problema passava pela formação de massas não submissas que protagonizassem o processo revolucionário, atuando por vibração, e não por obediência. Para Guevara, o poder de mobilização dessas massas acaba por ser o instrumento removedor adequado — dada sua potência coercitiva e pedagógica — para introduzir o indivíduo na compreensão desse "cordão umbilical invisível que o liga à sociedade em seu conjunto". A comoção que as massas revolucionárias provocam no ser social, explicava Che, ativa processos de individualização diferentes, capazes de afetar o indivíduo em sua dupla face de ser singular e membro de uma comunidade. Uma nova individualização aqui quer dizer a libertação da forma humana fornecida pela lei do valor, e a recuperação da subjetividade humana como algo não acabado.

Para o economista russo Isaak Rubin, a lei do valor que rege o intercâmbio entre mercadorias é a principal fonte de subjetividade na sociedade capitalista. Em seu livro *A teoria marxista do valor*, escrito no calor dos debates soviéticos da década de 1920, Rubin explica como, nas economias sem coordenação planificada da produção social, os equilíbrios sistêmicos são obtidos sempre *a posteriori*. Inevitavelmente, produz-se mais ou menos do que é o (socialmente) necessário. Seguindo o método de Marx, Rubin entende que o valor das mercadorias *expressa* relações sociais de produção entre pessoas, e que o aspecto particular do valor mercantil é fazer aparecer essa relação entre pessoas como uma relação entre coisas.

Existem, portanto, dois aspectos da lei do valor: um quantitativo, que trata da magnitude e da distribuição do valor em empresas e setores da produção, e um qualitativo, que se refere à coisificação da relação social entre pessoas e que está presente na categoria do trabalho abstrato contido nas mercadorias. Em seu primeiro aspecto, a teoria do valor permite investigar os meios de atingir equilíbrios sistêmicos nas economias mercantis, economias que se organizam pelo princípio da propriedade privada e da competência entre unidades empresariais independentes, e nas quais a introdução de tecnologias diminui os custos de produção (transformando o sistema do valor), já que nelas os capitalistas não contam de antemão com um saber sobre como se determina o trabalho "socialmente necessário" contido na mercadoria.[35] No segundo aspecto, trata-se

---

[35] Foi dessa forma durante um longo período histórico. O economista argentino Pablo Levín afirma que, a partir dos anos 1990, se desenvolveu uma nova forma do capital (o capital tecnológico), capaz de planificar a inovação e controlar subsistemas inteiros de produção; ver Levín (1997).

de compreender o efeito subjetivo de uma relação social de produção coisificada "entre pessoas".

Se o primeiro aspecto se refere à medida do valor e diz respeito à sua distribuição entre os diferentes setores produtivos de uma sociedade mercantil (é uma teoria do equilíbrio geral), o segundo remete à presença de uma força de trabalho social global na mercadoria, e a uma relação de antagonismo entre capital e trabalho em torno do comando da produção e do salário. Nesse sentido, a teoria do valor, em seu aspecto qualitativo, contém o conceito da crise e o desequilíbrio resultante da luta de classes. Em seu texto "General Intellect, poder constituyente y comunismo", Toni Negri explica que a lei do valor, neste último sentido, significa o valor da força de trabalho, cuja dinâmica de valorização se apresenta como independente do funcionamento da lei do valor (enquanto racionalidade do equilíbrio).
A tensão entre equilíbrio e antagonismo sofre uma mutação no capitalismo contemporâneo, no qual o trabalho social recobre o tempo completo da vida, estendendo-se a todos os setores da sociedade e subsumindo toda lógica na lógica da exploração (ou seja, fazendo a lei do valor funcionar apenas como uma seção do capítulo da lei da mais-valia). Sob esse modelo, o equilíbrio é obtido apenas por meio do controle político das variáveis que, de outro modo, desatariam sua crise (fundamentalmente, a impossibilidade de conter o crescimento da demanda). Nesse sentido, a teoria do valor se torna uma teoria do papel das lutas na desestruturação contínua e permanente do ciclo de desenvolvimento capitalista, e da composição e recomposição dos contrapoderes.

QUEM EDUCA O EDUCADOR?

Como vimos, a resposta de García Linera ao "trabalho de corrosão" da lei do valor sobre a consciência da sociedade mobilizada é a vontade politicamente instituída. Não a vontade dos indivíduos nem a das massas — que é incalculável e opera em ondas de avanços e recuos —, mas a vontade permanente, organizada e monopolista do Estado. A revolução é uma dialética entre ondas de multidões e vontade unitária. Nem a insurreição — instável, efêmera, incapaz de perdurar — nem o comunismo — criação das massas no longo prazo — contam como fundamento presente na defesa da legalidade socialista. A insurreição tende a ficar como fundo e como fonte de legitimidade do poder constituinte do Estado, e o comunismo, como direção estratégica, horizonte ou utopia. E, posto que o âmbito comunitário não se inventa por meio do Estado (García Linera afirma que entre Estado e comunidade existe uma antítese inconciliável), fica em aberto a pergunta sobre os meios de gerar politicamente novos modos de vida.

Em síntese, a vontade de inclusão, em sua versão mais radical e sofisticada, transcende o populismo rumo a uma teoria política socialista de cunho leninista, que se apresenta como um desenvolvimento sequencial com os seguintes momentos: insurreição em ondas; ocupação do Estado e convivência com o capital; doação de tempo para a criação de comunidade a partir de baixo. Para García Linera, esse esquema é universal e necessário, e toda revolução socialista o atravessa. A revolução bolchevique, apesar de ter devorado "as esperanças de toda uma geração, continua a oferecer musculatura para um possível realizável neste mundo" (Linera, 2017), e o marco racional da revolução continua a ser útil para compreender os processos sul-americanos atuais. Em resumo, trata-se de restaurar o Estado socialista, entendido como vontade organizada que doa o tempo necessário para que amadureçam as novas relações comunicativas que ele não pode criar. Os problemas com essa vontade, contudo, persistem: por um lado, "o próprio educador precisa ser educado", como dizia Marx. Onde se educa essa vontade? A quem ela escuta? Que referências práticas a orientam? Por outro, e em um sentido mais profundo, continuamos carentes de uma teoria que permita abordar o que nenhum Estado pode garantir por si mesmo: a criação de formas de vida em conflito com a subjetivação mercantil.

Em seu livro *El huracán rojo*, Alejandro Horowicz apresenta uma leitura histórica das dinâmicas revolucionárias com base no desenvolvimento do duplo poder tal como foi desenvolvido na Europa, de Paris a Moscou. O período das revoluções se explica melhor quando se abandona o esquema racional (exemplar) e se passa aos modos concretos em que as classes sociais enfrentaram, por meio de suas experiências concretas, o problema político da realização de uma igualdade efetiva, isto é, não apenas a igualdade segundo o princípio mercantil da troca, nem a igualdade que prescreve "um cidadão, um voto", nem mesmo a mera igualdade perante a lei. O fracasso das revoluções europeias tem seu impacto, decididamente, mas isso não esgota no mínimo o problema, levantado pela revolução, sobre maneiras de se criar momentos igualitários fortes (e como defendê-los), ou seja, como assumir a correlação entre formas organizativas e temporalidade da ação, correlação que pode ser concebida apenas pela heterodoxia mais extrema. A questão — revolucionária? plebeia? — da igualdade permite vincular o balanço crítico da vontade de inclusão a tudo aquilo que ainda não sabemos pensar.

III
O REVERSO
DA POLÍTICA

Os tumultos, contanto que suscitados pelo desejo de liberdade do povo, são bons.

CLAUDE LEFORT

Na face oculta da esfera política, em suas crises e recuos, a práxis redescobre virtualidades e cria possibilidades. Liberto de finalismos inquestionáveis, o desejo igualitário acaba fortalecido por um pensamento que substitui metas e modelos por causas e devires. As filosofias construtivistas expressam um pensar com base na crise. Sua utilidade prática está na capacidade de atuar em situações desprovidas de consistência, nas quais não existem coordenadas fixas. Também possuem um valor metodológico: suscitam um sentido da experimentação ali onde as circunstâncias não permitem mais recorrer às reações conhecidas.

J. G. A. Pocock chamou de "momento maquiavélico" a experiência de uma temporalidade prática na qual se engendra uma forma comum — ou república — exposta à crise. Trata-se de um momento de redescoberta de uma politicidade primeira, ligada a um desejo igualitário que abre caminho contra o âmbito político mistificado, teologizado. O republicanismo de Maquiavel se orientava para a tomada de decisões em comum, reivindicava o caráter linguístico do animal humano, capaz de descobrir sentido na contingência, e concebia a comunidade política como afastada de toda dominação. O "momento maquiavélico" (Pocock, 2002), enquanto subtração ou transbordamento das transcendências, fica imerso em uma história aberta à aleatoriedade e à inovação.

A interpretação democrática de Maquiavel, levada adiante por Spinoza, confirma a ruptura com as concepções clássicas e cristãs do Estado e propõe uma nova institucionalidade, fundada na liberdade e na potência do povo. O spinozismo é uma filosofia do reverso do âmbito divino. Rousseau também capta a dupla linguagem de Maquiavel. O reverso como gesto. Segundo Lefort, Rousseau vê, na publicação de *O príncipe*, na difusão dos segredos do poder, "a mesma necessidade de dar a conhecer a disposição natural dos modos da potência, na qual se manifesta a divisão de dominantes e dominados, e a perda de potência que se segue à instalação de um particular no lugar da soberania" (Lefort, 2010).

O reverso da política, tal qual aparece na filosofia de Spinoza, é a postulação de uma ordem equivalente de conexão entre as ideias e as coisas, na qual o pensamento se desenvolve por meio do poder de afetar e ser afetados que os corpos possuem, do processo da imanência pelo qual os pontos de chegada se revelam novos pontos de partida, e os atos humanos aparecem como tentativas de favorecer a potência de existir. O revés do campo teológico-político — crise ou recuo — ilumina um saber de liberdade que recusa as coordenadas de orientação fixadas a partir de um centro de comando.

O reverso é um depósito de saberes úteis para situações sem comando, uma zona experimental de imagens para a suspensão de automatismos e para se recolocar os vínculos sensório-motores habituais; um fundo de afetos para as comoções e as sublevações. Podemos falar também, então, de "momentos spinozianos", nos quais a vida, para seguir

seu curso, reclama a redescoberta da potência das ideias
e dos corpos, nas fissuras da obediência, nas fendas do
encadeamento convencional de movimentos e pensamentos chamados "normais". O momento spinoziano remeteria à conjunção de liberdade e conhecimento, que permite
apreender o caráter produtivo da ordem causal. Se esse
momento pertence ao reverso, é porque raramente transfere seu saber à política. Porque a política teme o potencial
desarticulador da crise.

O ano de 2001 pode ser evocado como reverso, como
um desses momentos abismais nos quais a interrupção dos
habituais vínculos sensório-motores provocou a necessidade de experimentar novos movimentos e modos de pensar. O colapso do mercado laboral e do sistema financeiro
suscitou o surgimento do piquete, da fábrica recuperada,[36]
da troca e do catador de papelão, bem como também das
noções nascidas da dissipação do regime de representação
política, as quais desafiavam as opiniões dominantes no
campo intelectual. Nesse caso, mais que em um momento
maquiavélico ou spinoziano, seria talvez conveniente
falar de "momento plebeu", para dar margem ao gesto
irreverente que descobre uma igualdade bloqueada nas
potências comuns, que se infiltra entre as malhas da norma
e afeta os circuitos do trabalho, a comunicação e o consumo. O momento plebeu é o oposto do âmbito político
e não se confunde com o funcionalismo público nem com
as militâncias. O plebeu é sombra e vacilação. Nem ordem
nem revolução: é gérmen e estratégia. Plasticidade apta
a atravessar o caos.

A crise já tem sido pensada, até em demasia. E tem
sido pensada de acordo com a preocupação com a norma,

---

[36] Processo pelo qual os trabalhadores assumem a gestão de uma fábrica falida. [N.T.]

ao menos em duas ocasiões: por meio da vontade de inclusão e da racionalidade neoliberal. Essas foram duas tentativas apressadas para sair da crise, para afirmar uma normalidade para a vida. Este terceiro capítulo propõe o abandono desses modos reativos de ser e de pensar, para adotar a perspectiva do reverso. Trata-se de uma inversão do ponto de vista: em lugar de se aprofundar nas análises sociais sobre a crise, passamos a adotar o ponto de vista da crise. Daqui em diante, trata-se de pensar com base nessas sombras e vacilações, seguindo a premissa metodológica de León Rozitchner, segundo a qual a natureza é o prolongamento inorgânico do corpo vivo. O momento plebeu será tomado com relação a um tempo que está por vir, a um espaço em constituição, a uma organicidade plástica, a uma imagem-cristal,[37] a certos movimentos centrífugos, a uma historicidade entendida como meio de conexão entre lutas presentes e passadas.

---

[37] O conceito de imagem-cristal é retomado neste capítulo, na seção "Precariedade e potência", e discutido por Gilles Deleuze (1987 [1990]). [N.T.]

1
O MOMENTO PLEBEU

> *Se a burguesia conseguir fazer fracassar a Revolução Russa por meio de um acordo com o tsarismo, então a social-democracia ver-se-á realmente de mãos atadas diante da burguesia inconsequente; a social-democracia ver-se-á diluída na democracia burguesa, no sentido de que o proletariado não conseguirá imprimir sua nítida marca à Revolução, não conseguirá ajustar as contas com o tsarismo ao modo proletário ou, como Marx dizia em sua época, "à moda plebeia".*
> **LÊNIN**

O momento plebeu é o reverso flutuante do âmbito popular: uma falha ou interrupção nos mecanismos de adaptação e de reação com os quais se transita de uma situação a outra. É uma suspensão, ao menos provisória, dos modos habituais da percepção e da ação. Estado que vagueia, anomalia sensível. Nem fenômeno sociológico nem objeto etnográfico: é uma *visão* com base na crise, uma apreensão das estruturas de relações normatizadas em meio ao colapso da percepção. Como movimento centrífugo, é possível em todas as classes sociais, mesmo que seu potencial revolucionário pertença às classes exploradas.

O coletivo Juguetes Perdidos tenta, em seus textos, captar uma visão desse tipo. No livro *La gorra coronada*,[38] esse grupo argentino oferece uma leitura na direção oposta ao triunfo neoliberal de 2015. Sua tese é de que a derrota da vontade de inclusão foi anterior à eleição de Macri e consistiu, sobretudo, na impossibilidade de sustentar a dinâmica aquecida do fluxo de mercadorias. O macrismo triunfou sobre a base do resfriamento anterior dos corpos do consumo. Esse resfriamento forjou certo estado do campo popular que, em alguma medida, explica o apoio ao novo governo. "Os Movimentos de Trabalhadores Empregados ou a Vida Mula[39] elegeram um presidente" (Colectivo Juguetes Perdidos, 2017). O resfriamento não se refere apenas à diminuição quantitativa do consumo mas também à crueza de um modo de vida e de uma experiência: a dos "trabalhadores empregados", dedicados ao *muleo*, ou seja, à carga e ao padecimento que implica levar adiante uma vida laboral, familiar e vicinal quando se está submetido aos ritmos de uma precariedade totalitária.

A percepção sobre as mudanças de estado pelas quais passam os corpos do consumo permite sair da impotência progressista, que questiona o campo popular por ter se adaptado e não ter resistido ativamente às políticas de ajuste. Em vez de lhe atribuir passividade, Juguetes Perdidos

---

[38] Em tradução livre, "O insulamento coroado". O título da obra refere-se ao *engorramiento*, fenômeno que ocorre em comunidades que se fecham para se proteger, podendo recorrer, inclusive, a meios extremos, como linchamentos. [N.T.]

[39] *Vida Mula* é uma expressão que remete às noções de "vida na correria", "vida suada", "vida pesada", "vida puxada", "vida batalhada". [N.E.]

percebe o *muleo* como uma estratégia de hipermobilização, uma pragmática existencial baseada no repertório do realismo de bairro popular, uma luta permanente que não se encaixa nos estereótipos do âmbito ativo próprios das militâncias. Diante do questionamento progressista que se pergunta que tipo de luta é essa, o coletivo argentino responde: uma forma de luta que procura obter benefícios no esforço de "sustentar as vidas por sobre a linha d'água da precariedade totalitária". São "lutinhas imperceptíveis para certa linguagem política", que empregam "imensas quantidades de combustível psicofísico, lutinhas para administrar os agrupamentos de ocasião (no bairro, na família, no trabalho)". Lutas efêmeras e táticas sem glória em função de objetivos politicamente incorretos, tais como a busca de uma tranquilidade e de uma segurança que permitam desfrutar de certos níveis de consumo. Em resumo: os modos de vida desenvolvidos na precariedade totalitária acabam convergindo com a convocação então realizada pelo partido neoliberal.

O interesse do Juguetes vai além de compreender a racionalidade da adesão ao macrismo em uma eleição pontual. Seus integrantes pretendem exercer um modo de olhar baseado em uma empatia básica com as pragmáticas dos sujeitos e suas racionalidades, uma compreensão dos meios de vida que se situe nos novos bairros tal como eles são, ou seja, diferentes daqueles de 2001. Uma aproximação livre de prejuízos bem pensantes e idealizações de um "bom-mocismo ingênuo", uma escuta capaz de "se demorar em suas dinâmicas mais sombrias", o que inclui situações de violência que podem ser entendidas apenas quando não são tomadas pela versão editada pelos meios de comunicação, mas dentro do contínuo concreto da vida no bairro: "Lares que são panelas de pressão, economias domésticas que explodem".

No próprio título do livro, *La gorra coronada*, o coletivo capta uma dualidade, algo como um direito e um reverso. Do lado direito, a ação de "engorrar-se", que alude à humilhação, ao desejo de vingança por tantas "humilhações laborais". Revanche peculiar que leva vizinhos a atuarem como micropolícia do bairro, a "colocar a boina" das forças da ordem: "Luz verde e via livre para se engorrar, para os vizinhos em bando, para a polícia e a delegacia (que se sentem como em 'suas melhores épocas', com mais grana, mais estado de exceção para suas manobras), para os chefes e patrões". A revanche recai sobre seu reverso: a "vagância". Os *engorrados* formam uma força social ampla, popular e *antiplebeia*.

O campo plebeu aparece então como uma alternativa ao realismo do bairro, como estratégia de fuga: mover-se, safar-se, questionar opções, agitar. Juguetes Perdidos escreve em aliança com essas forças "selvagens", não codificáveis, amorais, difusas, festivas, que inquietam a sociedade *mula*[40] no mais profundo de seu ser. Essa criação "selvagem" de forma de vida é também uma estratégia de sobrevivência no interior dos novos bairros. Uma estratégia que desacata, que dá lugar a uma "série existencial distinta". Talvez seja possível detectar aqui uma diferença com a colocação de Diego Valeriano, para quem essa aliança se concebe como uma dialética interna ao consumo. Essa série, ponto de partida do coletivo, dá lugar a uma recusa *sensível* ao macrismo; sensível e ideológica, antes de ser política: "Odiamos sua proposta de Vida". A série existencial distinta permite conceber a aliança entre um coletivo que escreve e certas forças bairristas selvagens. Trata-se de uma aliança em torno de

---

[40] Como em português, *mula* em espanhol pode se referir ao indivíduo que transporta drogas ilícitas e, em muitos casos, acaba preso. "Uma 'sociedade mula' generaliza esse traço de trabalho precário, barato, de carga nas relações laborais e coletivas", explica o autor. [N.T.]

intensidades que o consumo por si só não gera, e a palavra-chave dessa aliança não é consumir, mas agitar.

Uma leitura a partir de baixo permite entender a formação dessa força *engorrada* durante a última fase da chamada "década ganha" como parte de uma disputa pelo controle dos bairros no contexto do já mencionado "consumo sem vitalidade". O *engorramiento* interpreta adequadamente o deslocamento produzido no interior da experiência do consumo favorecido pelas políticas de inclusão. Significa "sustentar com o corpo o que se compra em parcelas". Quando a exacerbação do consumo se tornou *engorramiento*, ou seja, buscou tranquilidade, assumiu a forma do "custe o que custar". Esse deslocamento liquidou o que havia de melhor daquela época — as dinâmicas porosas, os espaços não controlados, um certo "deixar fazer" no qual podia conviver o heterogêneo — e favoreceu o pior aspecto: o crescimento unilateral das reações *engorradas*, a proliferação de um tipo subjetivo que Juguetes Perdidos chama de "contra-tudo" (*anti-todo*).

São essas forças reativas as que se fortalecem com a vitória da aliança Cambiemos. Os contra-tudo têm um sentimento de revanche contra qualquer coisa que se mova ou que expresse divergências, algo que não foi produzido apenas nos novos bairros, mas saturou a cultura com uma patrulha capilar, que o diretor de teatro Silvio Lang (com a Organización Grupal de Investigaciones Escénicas) conseguiu encenar na peça *Diarios del odio*. Os artistas Roberto Jacoby e Syd Krochmalny compilaram comentários escritos nos portais de notícias dos jornais *La Nación* e *Clarín*, dos quais Lang se serviu para elaborar um retrato do ódio ao sintoma, ao plebeísmo e, em geral, a toda invenção de formas de vida. A montagem encena a trivialidade de uma fúria que arrasa toda curiosidade erótica ou sensível, e adverte sobre os perigos implicados na degradação da passionalidade. Essa degradação não surge do odiar, mas de fazer do ódio uma paixão separada do tecido de afetos que estão na base de nossas formas de atuar e conhecer.

León Rozitchner refletiu profundamente sobre essa conexão entre racionalidade, paixão e política no início da década de 1960, quando fazia objeções aos filósofos cristãos que tentavam assumir posições marxistas pela incompatibilidade entre uma filosofia materialista das paixões e um fundo teológico que faz do amor a Cristo o exato oposto do ódio envolvido na luta de classes (Rozitchner, 2018). Pelo contrário, para ele, amor e ódio são afetos que o corpo experimenta, e graças aos quais obtém conhecimento primeiro e insubstituível. Sem eles seria impossível entrelaçar sensibilidade e pensamento: a luta de classes implica, desde o começo, um amor sentido na cooperação, ao lado de um ódio vivido em situações de exploração. As paixões são, para Rozitchner, o tecido constitutivo da experiência coletiva. Ao separá-las, moralizá-las e idealizá-las, o único fato a que se chega é o de despossuir os sujeitos de seus mecanismos verificadores das qualidades das coisas, das possibilidades de uma avaliação concreta das forças que operam em seu entorno.

A polêmica contra o cristianismo, mantida por Rozitchner durante toda sua vida, consistia em defender a potência cognitiva e sensual dos corpos — que a religião degrada — como fundamento de uma compreensão racional que não esteja nem recortada nem separada da potência comum. Sua intuição crítica fundamental foi de que o capitalismo, por meio do dinheiro, introduz o valor como mediação na relação entre o corpo e as qualidades concretas das coisas — os valores de uso de Marx —, obstaculizando a passagem que vai da qualidade sentida à elaboração de noções comuns. Ao subtrair do intercâmbio a qualidade concreta das coisas, a lei do valor prolonga o recorte sensível cristão no âmbito da economia política, a potência cognitiva do corpo afetivo.

As paixões não se deixam reduzir à emocionalidade neoliberal, que tanto interessa às psicologias positivas. A aposta cognitiva em uma "ciência da felicidade", discutida por Sara Ahmed em seu livro *La promesa de la felicidad*, conecta-se ao projeto de governo das almas, uma renovação do poder pastoral que funciona segundo uma sofisticação dos mecanismos que pretendem tornar transparentes e quantificáveis as eleições humanas com base em uma rigorosa classificação das emoções em boas e más, e também segundo a elaboração de certos "indicadores de felicidade", por meio dos quais se constitui, de antemão, um conhecimento daquilo que contribuirá para melhorar a vida das pessoas. Essa manipulação completa da emocionalidade significa impor a avaliação das "emoções positivas" como se fossem, por si mesmas, capazes de nos tirar da ansiedade, da depressão e de outros estados negativos, e acentua um critério de responsabilidade individual sobre as próprias disposições afetivas: cada um deve se encarregar de cuidar de si próprio, de acordo com o modelo de vida feliz, ou então assumir seu próprio fracasso. A convergência entre psicologias positivas e economia neoliberal permite desenhar algoritmos emocionais em torno da busca da felicidade.

A promessa da felicidade depende de uma individualização completa do mundo dos afetos, de uma supressão do caráter inerentemente relacional das paixões, sobre o qual se baseia todo o saber dos corpos e da política. Em *Los afectos de la política*, Frédéric Lordon explica que,

> quando Spinoza fala de afetos, fala de algo muito diferente de nossas "emoções" [...]. O afeto em Spinoza é o nome geral dado ao afeto derivado do exercício de uma potência. Uma coisa exerce sua potência sobre outra

e, como consequência, esta última acaba modificada: afeto é o nome dessa modificação. (Lordon, 2017)

Os afetos são modificações do corpo e da alma que aumentam ou diminuem a capacidade de ação. Não existe afeto sem que um corpo ou uma força atue sobre outro corpo, modificando-o. Ao conectar a emoção à potência e às forças que atuam nas situações concretas, Lordon nos devolve a uma teoria dos afetos e das paixões que permite voltar a abrir uma concepção política da subjetividade, e conceber assim a passagem do sintoma à forma de vida como ponto de partida de uma transformação estrutural.

O PROLETARIADO FLUTUANTE

Em *Isidro Velázquez: Formas prerrevolucionarias de la violencia*, Roberto Carri investiga o fenômeno das rebeliões populares espontâneas, estudando um caso de banditismo social ocorrido na província do Chaco, na Argentina, durante a década de 1960. Seus protagonistas foram Isidro Velázquez e Vicente Gauna. Velázquez, "honesto peão rural originário de Corrientes, sofreu uma série de perseguições por parte da polícia de Colonia Elisa (Chaco), que culminaram em sua detenção e posterior fuga da prisão local" (Carri, 2001). Desde então, "iniciou uma vida fora da lei e durante mais de seis anos manteve em xeque toda a polícia provincial". Apesar de ter sido oficialmente acusado de roubo, versões distintas insistem que se tratava de uma perseguição arbitrária, "um ato típico de violência policial injustificada", que acabou em uma sublevação contra a lei. Entre os anos de 1962 e 1967, Velázquez — foragido da justiça — e Gauna — um "selvagem irredutível" — foram os bandidos que roubaram os ricos (sequestrando fazendeiros) e zombaram das forças da ordem, levando adiante fugas e ações espetaculares. A lenda — surgida entre os pobres da zona rural e a comunidade indígena da região que lhes dava apoio — atribuiu a Velázquez poderes sobrenaturais, como o de se tornar invisível para escapar das emboscadas ou ser capaz de dominar o inimigo com o olhar.

Carri se dispõe a desentranhar o fenômeno representado pela popularidade de Velázquez: a enorme simpatia e a solidariedade ativa que ele despertou entre os setores mais pobres da população, *criollos*[41] originários da província de Corrientes, de Santiago del Estero, e indígenas. O ódio desses setores contra o sistema opressor foi canalizado por meio da figura de Velázquez, um rebelde individualista que se transformou em um herói capaz de enfrentar o regime colonial dominado pelos grandes proprietários brancos e suas forças armadas. O autor caracteriza os trabalhadores pobres que apoiaram Velázquez como um "proletariado total", bem diferente dos segmentos operários urbanos integrados na indústria moderna, aos quais a teoria revolucionária outorga um papel central no processo emancipatório. Esse proletariado rural se caracteriza, além disso, por sua absoluta privação, por sua condição errante e migrante:

> Os trabalhadores do campo, em sua maior parte provenientes da província de Corrientes — principal exportadora de carne humana do país, com Santiago del Estero — e, em segundo lugar, paraguaios e os de Santiago del Estero, não podem voltar a seu lugar de origem e erram pela província em busca de trabalho. Os mais audazes vão para as cidades próximas ou para o sul, onde engrossam a população das favelas. Essa população, que deixou de ser rural, mas que ainda não se incorporou à atividade

[41] Descendentes de europeus nascidos na América. [N.T.]

econômica urbana, forma um semiproletariado flutuante de caráter semirrural e semiurbano ao mesmo tempo. Nesses homens e nos integrantes das comunidades indígenas, Isidro Velázquez encontrará o maior apoio. (Carri, 2001)

Carri insere elementos para uma teoria não populista da rebelião plebeia em torno do caráter *errante* desse semiproletariado. A história da violência colonial é a da tentativa de impor ao índio nômade a razão sedentária para fixá-lo na exploração extrema do trabalho servil.[42] Nesse estado de flutuação, há um potencial de não obediência que Carri entende, sobretudo, como a conservação de uma solapada propensão à vingança (o apelido popular de Velázquez era "O Vingador"). A memória da privação de posses e a criminalização do nomadismo (Carri recorda a imagem do homem de pele escura que leva para si a mulher branca) fazem do fugitivo armado uma figura-limite ou de contrapoder, e sua condição migrante ou de itinerante contrasta com a integração do proletariado urbano e industrial, base do vandorismo.[43]

No entanto, essa efervescência plebeia não dá lugar a revoluções triunfantes, e é desse modo que Eric Hobsbawm a qualifica como "pré-política". Carri não aceita esse ponto de vista: considera que as esquerdas formalistas ignoram o potencial político contido nessa flutuação semiproletária, um magma explosivo no qual convive o ódio do indígena, do pobre e do migrante à tentativa colonial de fixá-los no espaço de exploração, junto com um estado de suspeita ante a integração no Estado moderno do

---

[42] *Obraje*, no original, sistema de prestação de serviços que se impunha aos indígenas durante a colonização espanhola. [N.T.]
[43] Referência a Augusto Timoteo Vandor (1923-1969), dirigente sindical metalúrgico argentino que promoveu um pacto com o governo e propôs um "peronismo sem Perón", uma espécie de peronismo brando. [N.T.]

desenvolvimento. Em Marx também se encontra a indicação sobre o potencial revolucionário da comunidade agrária, que não necessariamente será dissolvida pelo capitalismo moderno, como se afirmou em nome do marxismo durante décadas, mas que pode ter um papel importante na luta por sua superação.

A periculosidade política do fenômeno Velázquez é percebida com clareza pelas forças da ordem. Depois da morte do Vingador, relata Carri, se produzem "impressionantes marchas populares", apesar da proibição policial. E não somente: desde então se adota a data de 1º de dezembro como dia da polícia local, "uma revanche dos vigilantes diante do desprezo e da dor do povo".

E quanto a Gauna? Carri o descreve como um "delinquente total", um ser antissocial que seguiu Velázquez — homem de bons modos e sensibilidade popular — por razões puramente criminosas, mas que desempenhou, contudo, um papel fundamental na constituição do sentido radical da campanha: "O caráter irredutível de Gauna, de certo modo, impede Velázquez de chegar a acordos com a cidade, com a civilização", ou seja, preservou o herói da política local. Gauna, sujeito cruel e inimigo da sociedade, impediu a possibilidade do pacto e da traição, e garantiu a fidelidade de Velázquez ao povo, ao mesmo tempo que pôs em perigo a vida dos fazendeiros e comerciantes. "Velázquez é mais perigoso quando Gauna passa a estar junto dele."

A fuga para o campo, o apoio popular, o contato com as comunidades, a vida errante, o talento para se esconder e para as ações espetaculares fizeram de Velázquez um precursor capaz de ativar e transmitir um sentimento de rebelião coletiva. Ele foi a expressão da rebeldia comunitária, a encarnação do ódio popular e de um profundo sentimento de redenção, a personificação mais bem-feita de um desejo de vingança longamente adiado.

O estado de flutuação semiproletária de que fala Carri, esse caráter itinerante e migrante, materializa uma experiência do espaço e do tempo diferente à da integração do proletariado fordista clássico. Trata-se de um espaço e um tempo mais vinculados à precariedade e ao desenraizamento. Algo desse nomadismo emerge, segundo Paolo Virno, da recomposição da força de trabalho na metrópole contemporânea pós-fordista. Em seu livro *Gramática da multidão*, Virno fala de certas "tonalidades emotivas da multidão", uma espécie de "nó central neutro sujeito a declinações diversas e inclusive opostas", tais como o oportunismo e o cinismo. Os trabalhadores de qualquer cidade hoje são alvo da exigência de

> estar habituados a se mover de um lado para o outro, ser capazes de se acomodar às mais bruscas reestruturações, ser adaptáveis para mudar de um órgão para outro, maleáveis para mudar as regras do jogo, capazes de levar adiante interações linguísticas banais; devem demonstrar destreza para escolher e saber lidar com diversas alternativas. (Virno, 2003)

Esses requisitos não são os da fábrica do fordismo ou das instituições do confinamento disciplinar, mas os da socialização presente nas ruas de uma força de trabalho cujas aptidões produtivas se adquirem em um perambular urbano, anterior à entrada na empresa ou no mundo laboral precarizado. É no desemprego e entre os bicos que o trabalhador desenvolve esses talentos que Virno resume com a expressão "o hábito de contrair hábitos". E são esses talentos, essa plasticidade da força laboral pós-fordista e essa sociabilidade extralaboral o que a empresa capitalista explora. Isso é o que acontece com o oportunismo, essa aptidão para estar atento e disponível para aproveitar possibilidades sempre intercambiáveis de acordo com a conveniência, e com o cinismo, essa experiência das regras como convenções sem fundamento as quais sempre é possível manipular em benefício próprio. O cinismo e o oportunismo remetem à situação emotiva da maioria em condições de instabilidade crônica.

PRECARIEDADE E POTÊNCIA

O imperativo para a ação pode ser visto como uma tentativa de governar a ambivalência da multidão: programar a potência, fazer fazer, responsabilizar cada um por sua capacidade ou incapacidade de alcançar determinado ideal de felicidade. Esse imperativo procura evitar a abertura do fosso entre o desejo e a dinâmica de acumulação de capital, a fim de garantir a relação orgânica, que é preciso sustentar e recriar a cada vez, entre vida e estrutura de controle, entre sujeito e mundo.

Para Gilles Deleuze, o cinema oferece a chave para escapar dessa programação da potência. Seu ponto de partida é, justamente, a precariedade: quando as imagens não estão em condições de reagir a determinada situação. A crise da ação, a incapacidade de desenvolver um movimento, pode fazer as imagens se relacionarem não mais com outras imagens atuais, mas com uma imagem virtual. Deleuze chamou de "imagem-cristal" esse encontro entre uma imagem atual e sua imagem virtual. São imagens que permitem ver o tempo de um modo direto, e costumam vir pelas mãos de personagens estagnados, sem possibilidade de responder a um acontecimento, perdidos, cuja ruína testemunha a falência da ação. A crise dos vínculos sensório-motores é uma mostra de que algo excessivo ocorreu com eles. Algo demasiado belo ou demasiado terrível se interpôs entre o mundo e eles. Uma desmesura intolerável fez entrar em colapso os mecanismos habituais de reação a determinada situação. Incapazes de responder, as imagens chegam apenas a ver ou ouvir. O cancelamento do movimento dá lugar a uma *visão pura*.

O que percebe o *visionário*? Talvez possamos responder o seguinte: o que ele percebe é o reflexo virtual de sua própria imagem atual. Um virtual que permanece em relação a seu atual "tão bem aderido como um papel ao ator" (Deleuze, 1987). Trata-se de uma operação similar à que tantas vezes Deleuze havia repetido com base na fórmula spinoziana, segundo a qual não se sabe nunca o que pode um corpo. Todo corpo (imagem atual) se define por sua potência (imagem virtual) de existir. A atualidade do corpo e a poderosa vida inorgânica que o caracteriza. Não há corpo sem um *plus*, que é sua potência. A imagem-cristal se forma precisamente nessa coalescência entre um atual e seu virtual.

O visionário se situa, portanto, num ponto de precariedade extrema: cruzou o limite do tolerável, entrou em relação com a impossibilidade e com a vergonha, e se coloca, nessa travessia, em contato com a visão de um novo possível. Seu mundo se transforma. A dimensão atual, atos e palavras, abriu-se para outra, virtual, feita apenas de símbolos ópticos e sonoros: uma dimensão daquilo que apenas se vê ou apenas se ouve. A potência já não se atualiza automaticamente, a prevalência da dimensão virtual a desprogramou. E essa desprogramação é uma condição de possibilidade para outras coisas.

O filósofo japonês Jun Fujita Hirose tem estudado a afinidade entre a imagem-cristal e a novidade política de 1968. Nos dois casos, apresenta-se uma mesma relação

entre personagem e situação. Uma citação de *A imagem-
-tempo* deixa isso patente:

> Por mais que se mexa, corra, agite, a situação em que está
> extravasa, de todos os lados, suas capacidades motoras, e lhe
> faz ver e ouvir o que não é mais passível, em princípio, de
> uma resposta ou ação. Ele registra, mais que reage. Está
> entregue a uma visão, perseguido por ela ou perseguindo-a,
> mais que engajado numa ação. (Deleuze, 1987 [1990])

O filósofo japonês sustenta que o que sofre mutação
é o próprio estatuto do âmbito revolucionário (Hirose,
2014). Sejam imagens, sejam pessoas, é o mesmo processo
cristalino de vidência o que opera uma desprogramação
da potência. Imagens, pessoas e comunidades começam
a abandonar todo lema de submissão à produção para
começarem a desfrutar de si e a atuar por sua própria conta.

Essa conexão entre precariedade e potência já havia sido
assinalada por Deleuze fora de sua reflexão sobre o cinema.
Em um curso de 1980, ele comenta o seguinte:

> A forma de trabalho precário tem uma força, tem certas
> potencialidades revolucionárias muito grandes. Na Itália
> a existência de um duplo setor se afirmou muito rapidamente.
> Há um espaço de setor paralelo, de setor temporário, de setor
> precário, que por fim se tornou uma espécie de condição
> mesma sem a qual a economia italiana não funciona. Tudo
> isso já foi analisado, parece-me que muito profundamente,
> por toda a corrente autônoma na Itália. Quero dizer que é um
> dos principais aportes à teoria do trabalho atual. Na Itália
> encontrarão isso, sobretudo, em Toni Negri. (Deleuze, 2017)

Então, qual é a potencialidade do trabalho precário?
Deleuze (2017) o explica assim: enquanto a axiomática do

capital não opera sua *conjugação* dos fluxos "sem suscitar ao mesmo tempo fluxos que deixa escapar", esses fluxos que escapam ficam disponíveis para realizar *conexões*. Diferentemente da conjugação capitalista dos fluxos, as conexões são relações "eventuais" entre fluxos "indizíveis", que apenas têm em comum "o traçado de linhas de fuga no sistema", e que podem ser fluxos de urbanização, de fome ou inclusive de criação artística. Esses fluxos permanecem indizíveis na medida em que não se sabe de antemão o que pode resultar de sua conexão. Ignora-se por completo qual pode ser sua "carga revolucionária". Esses indizíveis constituem para Deleuze uma espécie de matéria de possibilidade ou de "matéria pré-revolucionária".

QUEM SÃO OS PLEBEUS?

A distinção entre *engorrados* e selvagens, no interior do realismo da vizinhança, divide o campo popular de um modo muito distinto do que propõe a teoria populista de Damián Selci, que — como vimos no segundo capítulo — diferencia *cualunques* de politizados. Essa nova distinção diz respeito a uma imagem que vai além do repertório de categorias com o qual a vontade de inclusão tem pensado o "povo", e com o qual os neoliberais têm pensado as "pessoas". Trata-se de uma diferenciação eminentemente política, que significa atitudes e desejos em relação ao dispositivo de controle, e não a determinações sociológicas convencionais. Termos como "agitar", "vazar",[44] "flutuação" e "vadiagem" designam movimentos, velocidades, percepções, não classes sociais.

---

[44] *Raje*, no original, um termo popular para fuga. [N.T.]

Essa distinção é fundamental para dar um sentido político específico ao âmbito plebeu — que poderia ser resumido no desejo de não ser governado —, sem por isso ceder à tentação inútil de considerá-lo sujeito de determinada política. O gesto subtrativo que corresponde aos movimentos centrípetos da emocionalidade neoliberal e o movimento de reverência em relação ao encadeamento obediente à ação e reação da autoridade se ligam a um impulso igualitarista. A interrupção e o transbordamento dos automatismos são plebeus quando não se legitimam em posições institucionais, poder econômico ou títulos de qualquer tipo. Sem dar seguimento a nenhuma política em particular, a democracia plebeia se faz presente e atua como o reverso igualitarista de toda ordem de obediência.[45] Sua potência específica é a de abrir espaços de indecidibilidade.

De um ponto de vista histórico, plebeus foram os escravizados romanos então libertos, aqueles que estavam excluídos do direito público, que se viam privados de estatuto político e careciam de títulos públicos de propriedade. Em outra de suas aulas de 1980, Deleuze expôs a seguinte ideia: excluídos da propriedade pública, mas compensados com a propriedade privada de lotes, os plebeus se entregaram à atividade de decodificação dos fluxos sobrecodificados pelas formações estatais arcaicas. Os plebeus foram os grandes criadores dos fluxos de propriedade privada. Escravizados libertos, estrangeiros conquistados e migrantes, enquanto plebeus, tiveram a possibilidade jurídica "de se ocupar do comércio e da empresa, particularmente a metalúrgica" (Deleuze, 2017). Os plebeus foram os primeiros privatizadores:

---

[45] O uso da expressão "democratização plebeia" para falar de um processo de lutas a partir de baixo provém do livro escrito pelo grupo Comuna de Bolivia; ver Gutiérrez *et al.* (2002).

> Tornam-se proprietários privados de lotes, pequenos empresários, pequenos comerciantes, quase por fora das malhas ou sob as malhas da sobrecodificação imperial. Em outras palavras, são eles os que disseminarão fluxos de apropriação privada diferenciados do polo arcaico da apropriação pública. (Deleuze, 2017)

Os plebeus provocaram o contragolpe decodificador pelo interior do maquinário de sobrecodificação imperial.

O plebeu é, portanto, essa parcela do campo popular que se agita, mas que também, decodificando, cria momentos de indecidibilidade. O filósofo canadense Érik Bordeleau escreveu sobre a importância do anonimato na constituição do plebeísmo. Em suas palavras, a plebe implica um devir impessoal, um "perder o rosto" que não se confunde com a dissolução de cada singularidade, mas que aponta, pelo contrário, a ruptura com relação a certo regime de individualização. Há práticas de escrita que levam a perder o rosto, que produzem anonimato, porque esse é seu modo de ecoar algum ato de resistência que outorga consistência ao próprio anonimato. Assim concebida, a desidentificação não leva à dispersão, mas a um novo tipo de existência, em que os âmbitos anônimo e impessoal atuam como condição de possibilidade para "práticas do âmbito comum". O livro de Bordeleau, *Foucault anonimato* (2018), gira em torno de uma citação extraída da entrevista de Michel Foucault, em 1977, feita por Jacques Rancière. Nela, Foucault afirma:

> Sem dúvida, não existe a realidade sociológica "da plebe". Mas existe sempre alguma coisa, no corpo social, nas classes, nos grupos, nos próprios indivíduos que escapa de algum modo às relações de poder; algo que não é a matéria primeira mais ou menos dócil ou resistente,

mas que é movimento centrífugo, a energia inversa, o não apreensível. (Foucault *apud* Bordeleau, 2018)

Como o anonimato resistente, o âmbito plebeu se define por seu modo de escapar das relações de poder: é movimento centrífugo, não apreensível.

O EXTRAVASAMENTO DO POPULISMO

Já foram elencados vários traços que permitem criar uma imagem do plebeu: parte selvagem do povo, força centrífuga não apreensível, "energia inversa" que se agita e se subtrai, decodificação de fluxos, espaço indecidível, multidão ambivalente. A obra do dirigente do peronismo revolucionário John William Cooke, sobretudo seus escritos da década de 1960 — anos em que se situa também a pesquisa de Carri sobre Velázquez e o semiproletariado flutuante —, contribui para identificar outro traço importante do universo plebeu: a capacidade de extravasar a captura populista. Para Cooke, a luta de classes na Argentina se dava, naqueles anos, segundo uma dialética particular, na qual a contradição entre peronismo e antiperonismo se sobrepunha ao antagonismo classista no próprio interior do peronismo. Se, por um lado, a primeira contradição moldou-se ao policlassismo populista, a segunda, por outro, prefigurou um marxismo plebeu — o célebre "fato maldito do país burguês" —, que colocou o eixo na experiência concreta da radicalização operária durante a época da Resistência.

Em *El hereje: Apuntes sobre John William Cooke*, Miguel Mazzeo destaca os traços centrais do pensamento político de Cooke para elucidar essa diferença entre plebeísmo e populismo: enquanto as teorias populistas identificam a mudança política com o controle do Estado, para Cooke a política popular é uma dinâmica de transformação social com base na radicalização operária. Enquanto o populismo sugere uma articulação horizontal de demandas diferenciadas com relação a um nome particular — por exemplo, Perón —, que busca representá-las por meio de um antagonismo com o regime liberal, Cooke sugere uma frente de libertação nacional e social tendo como eixo a luta de classes. A fusão entre populismo e jornalismo, diz Mazzeo, não propõe outra coisa a não ser gerir os ciclos do capital por uma regulação da luta de classes, do modo mais inclusivo possível.

O que nos interessa em Cooke é, notadamente, sua peculiar pedagogia multidirecional: ele explicava o peronismo à esquerda, e a esquerda ao peronismo. Seguindo essa vocação, chegou a desenvolver até mesmo uma argumentação esmerada ao próprio Perón, com a esperança — frustrada — de que o líder autorizasse a identificação entre peronismo e socialismo. Essa pedagogia se baseava em uma fina percepção da ambivalente realidade argentina e em uma paixão intelectual por reunir, numa mesma estratégia revolucionária, fenômenos tão difíceis de harmonizar como a radicalidade operária, a burocracia sindical ou a ambiguidade entre o caráter encarnado da liderança e sua dimensão mítica. Para Cooke — e considerando que ele faleceu em 1968 —, o peronismo estava atravessado por uma tensão constitutiva e insolúvel, composta, por um lado, por uma incompatibilidade objetiva com o capitalismo, que se manifestava na radicalização operária, e, por outro, pela compatibilidade subjetiva da burocracia. Tratava-se, portanto, de orientar essa subjetividade para a revolução, o que significava promover a luta de classes dentro do peronismo.

O próprio Cooke foi particularmente sensível ao processo de radicalização que se expandia no país e na região com base no caráter continental da Revolução

Cubana. Em uma carta de 1961, ele explica a Perón que na Argentina "os comunistas somos nós", ou seja, os peronistas; cinco anos depois, o mítico "delegado de Perón" substituiria a condução estratégica do general pela de Che Guevara, sem que por isso seja possível reduzir essa mistura cookeana de guevarismo e peronismo a uma estratégia do tipo foquista.[46]

Se houve algo como um "cookismo" — e até um "walshismo"[47] —, diz Mazzeo, isso ficaria completamente não compreendido caso não se dê atenção ao "grupo Avellaneda", cujas referências principais eram Domingo Blajaquis e Raymundo Villaflor. Oriundos de uma cultura operária autodidata e politizada, eles fizeram sua própria tradução plebeia do marxismo, elaborando as premissas do alternativismo expressado pelas Fuerzas Armadas Peronistas (FAP) e pelo peronismo de base. Cooke se assemelhava ao grupo Avellaneda na compreensão do peronismo como território de disputa entre autonomização e subordinação operária perante a influência da burocracia sindical, intelectual e política.

As aporias de Cooke foram levantadas sobretudo com relação ao duplo caráter da figura de Perón: o Perón de carne e osso, cada vez mais alinhado aos valores ocidentais, e o Perón mítico, invocado por todas as facções do movimento. Qual deles servia à Revolução? Qual deles

---

[46] O foquismo é uma teoria revolucionária inspirada por Che Guevara e elaborada por Régis Debray, que, nos anos 1960, defendia que grupos armados de esquerda criassem focos de revolução pelo mundo, com estratégias, por exemplo, de guerrilha rural e com base na Revolução Cubana. [N.T.]

[47] Referência a Rodolfo Walsh (1927-1977), jornalista, escritor e militante argentino, conhecido por suas publicações *Operação massacre* e *Carta aberta de um escritor à Junta Militar*. Walsh integra até os dias de hoje a lista de desaparecidos políticos durante a última ditadura argentina. [N.T.]

a freava? Enquanto a linguagem política de Perón era oscilante e "incerta" (embora finalmente tenha decantado em posições abertamente contrarrevolucionárias), a de Cooke era precisa e buscava as definições que o general evitava; enquanto a concepção da política de Perón estava dentro dos marcos do equilíbrio e da contenção, a de Cooke era a do extravasamento e da ruptura.

O cookismo é uma maneira de ler a luta de classes na Argentina, aprendendo a distinguir *plebeísmo* de *populismo*. O peronismo soube conter — sobretudo após 1955, quando Cooke deu por esgotado o programa da revolução burguesa de 1945 — duas vertentes antagônicas do campo nacional-popular: uma resistência operária anti-imperialista em constante radicalização; e um sistema de lideranças estratégicas conservadoras, incapazes de ultrapassar o horizonte burguês, marcado pela intervenção do Estado na regulação do conflito. Se o plebeísmo é um movimento de decodificação e de ruptura com o controle do capital, o populismo implica uma operação de captura do campo plebeu: é, portanto, um fenômeno que se orienta a partir de cima para conter e imitar o que emerge a partir de baixo. Enquanto populismo, diz Mazzeo, o peronismo subsiste como fenômeno de simulação.

2
NOVA TERRA E POVO NOVO

O *NOMOS* DA TERRA E O ESTADO DE EXCEÇÃO

Já vimos que o âmbito plebeu é uma figura por subtração, esquiva em relação ao mandato produtivista, seja desenvolvimentista, seja neoliberal, sem ser exterior a ele em nenhum dos casos. As imagens do selvagem, a vagabundagem e a agitação percorrem interiormente as sequências da vida normal. Lembram Bartleby e seu "*I would prefer not to*" [Acho melhor não]. A especificidade do movimento plebeu dá lugar a uma pragmática decodificadora, desligada dos encadeamentos sensório-motores. A experiência plebeia não é a revolucionária, porque não supõe nem dá lugar a uma política específica, embora envolva, de fato, uma relação explícita ou desprogramada com a própria potência, uma indecidibilidade de seu próprio lugar em relação à axiomática do capital.

O potencial da flutuação, que Ernesto Laclau atribui a certa função significante, perde-se quando circunscrito apenas à ordem do discurso. O caráter errante do âmbito plebeu remete, sobretudo, às formas de se estender no espaço, de extravasar regulações, de interromper automatismos, de povoar a terra.

Também vimos como o plebeu adquire traços de classe que se relacionam com a multidão pós-moderna descrita por Paolo Virno. O caráter errante se vincula também à noção política de multidão que, durante o século XVII, opunha-se, segundo o autor, à noção unificadora de povo, dependente da conformação dos Estados como monopólio da decisão política, ou seja, da conformação de soberania. No século XXI, a noção de multidão retoma os dois conteúdos: remete à classe, no contexto do capitalismo contemporâneo, mas também funciona como uma figura política que extravasa a dialética entre a constituição do mercado mundial e a realização de distintos modelos de acumulação no marco dos Estados nacionais. Para Virno, a multidão é finalmente a figura de um êxodo que, como o bíblico, conduz as maiorias a escaparem da escravidão rumo a uma terra nova.

O momento plebeu faz parte da constituição da multidão contemporânea e de sua relação particular com o espaço e com a terra. Entendemos por terra a potência de reunir elementos e de alojar; a terra é aquilo que faz as vezes de solo e que adquire sua forma em relação ao ato de povoar. Ao ocupar a terra, ela é povoada: como solo, estabelecem-se vínculos com outros, colocam-se em jogo modos peculiares de tomar o espaço (de repartição e de distribuição) e modos de pensar (de regulamentar, de ritualizar, de representar).

A América Latina não pode ser narrada de modo exterior às modalidades da conquista e da colonização da terra,

sem levar em conta os desdobramentos específicos de seus
modos de colonizar, sem compreender em que sentido
o modo de apropriação e repartição do solo deu lugar a um
tipo estatal de síntese do âmbito social, e o modo como
essa estatalidade se estabeleceu, desde seus primórdios,
em relação ao mercado mundial. Colonização e estatalidade estão implicadas tanto nos modos de ocupação da
terra como no vínculo que se estabelece com a natureza
e a constituição de relações hierárquicas de gêneros, etnias
e classes. Existe uma correspondência constitutiva entre
colonização e soberania pós-colonial.

Em sua modernidade subordinada, os Estados latino-americanos participam da crise da soberania moderna que
eclodiu com a presença crescente de movimentos rebeldes
ou revolucionários ao longo do século XX. A partir desse
ponto, a pretensão do monopólio da decisão política
e da violência legítima desembocou em formas políticas
paraestatais e em soberanias obscuras. O estado de exceção permanente se transformou na tecnologia jurídica
adequada para organizar o poder de controle, tecnologia
que pode se reconhecer igualmente na violência inerente
à atividade econômica neoextrativista, na regulação informal dos mecanismos de endividamento, nos mecanismos
que protegem a circulação de riquezas não declaradas, no
tráfico de pessoas ou na regulação das zonas do trabalho clandestino.

Paolo Virno explica que o estado de exceção e a paraestatalidade são sinais inequívocos do esgotamento do
conceito clássico de soberania, bem como sintomas de sua
consumação e dos dispositivos que permitem sua reprodução e sobrevivência. Para o pensador italiano, o poder
de controle já não funciona de acordo com o conceito
centralizado de soberania moderna, como consequência
da presença ingovernável das figuras da crise, ou seja, de

formas de vida que não se submetem ao pacto de obediência. Na América Latina, essas figuras questionam os dispositivos neocoloniais de dominação das mais variadas formas: a reemergência da questão indígena, os movimentos *piqueteros* e de trabalhadores precarizados, os movimentos de jovens nos bairros ou de estudantes, e os mais recentes feminismos populares encarnam, de diversas formas, esse questionamento.

"No direito mítico, a terra é denominada a mãe do direito" (Schmitt, 2003): esse é o célebre início de *O nomos da terra*, de Carl Schmitt, publicado em 1950. A tese é explicada do seguinte modo: o ato pelo qual a terra é tomada e as cidades são fundadas vai sempre unido a uma "primeira medição e distribuição do solo" aproveitável, e essa medida originária "contém em si todas as medidas subsequentes". A ocupação do solo acaba por ser o acontecimento fundador do qual se desprendem todas as demais estimativas que caracterizam o modo de ser de um povo. O modo de apropriação da terra, de ocupar o espaço, não determina apenas uma potência de repartição e posse do solo, mas é um ato jurídico fundador de direito. Essa "medida originária" significa, desde o início, certo cálculo com relação à fertilidade do solo e ao esforço que implica trabalhá-lo, e envolve também uma ideia de justiça, considerando que a terra recompensa esse esforço. Ocupar a terra diz respeito, simultaneamente, a um traçado de linhas e limites ostensíveis: divisões. Com o passar do tempo, a relação humana com a terra se concretiza em barreiras e cercas, em um tipo de ordenação que se corresponde com o assentamento e que dá lugar a formas de poder e de domínio publicamente visíveis.

As medidas posteriores, determinadas segundo Schmitt pelo ato de se apropriar — ou *nomos* —, se estendem às relações jurídicas emanadas da divisão territorial estabelecida "pela raça ou pelo povo que tomou essa terra" e por "todas as instituições da cidade": as categorias jurídicas, o ordenamento institucional e, em geral, a racionalidade que ele supõe permanecem determinados por essa medida primitiva originada no solo. Schmitt afirma que o termo *nomos* — "palavra grega para a primeira medição na qual se baseiam as medidas posteriores" — é o mais adequado para "tomar consciência do acontecimento fundamental que significa o assentamento e a ordenação", ato de apropriação fundacional que determina, no aspecto essencial, o decurso posterior de um povo ou de uma raça.

O *nomos* é, portanto, em seu sentido original, "a forma imediata na qual se faz visível, em relação ao espaço, a ordenação política e social de um povo", o ato instituinte da "medida que distribui e divide o solo do mundo em uma ordenação determinada e, em virtude disso, representa a forma de ordenação política, social e religiosa". O *nomos* schmittiano diz respeito ao assentamento que dá lugar a uma ordem e à implementação cultural dos modos de vida que frutificam nessa terra. O dispositivo schmittiano, baseado no gesto possessivo fundacional, faz da terra o articulador mítico da potência e do direito, tal qual são reconhecidos na soberania estatal. Poder constituinte e poder constituído.

O *nomos* da terra, explica Schmitt, não é fixo. Modifica-se segundo os avatares dos sucessivos assentamentos. De fato, um capítulo fundamental do desenvolvimento do *nomos* é o descobrimento do que o direito europeu chamou de Novo Mundo. Por meio da evidência que confirma a representação da Terra como um globo, surge o problema da repartição e distribuição do espaço entre as grandes potências europeias. A ocupação colonial do espaço terrestre e marítimo por parte dessas potências foi oportuna para a constituição de um modo de pensar que Schmitt chama de "pensamento em linhas globais".

Na teoria do poder político de Schmitt, encontra-se, então, uma tese sobre o vínculo estreito entre modos de povoar e formação de categorias mentais ou culturais. Esse tipo de homenagem à identidade spinoziana dos atributos aparece, com um sentido político inverso, em *Indios, ejército y frontera*, obra em que David Viñas estuda a íntima relação entre os mecanismos específicos de apropriação da terra — no caso, a Campanha do Deserto durante o século XIX argentino — e a formação das mentalidades das classes sociais dominantes, herdeiras da matriz colonial da Conquista. A campanha liderada pelo general Roca na Patagônia argentina, escreveu Viñas, foi "a consolidação dos grandes latifúndios, a despossessão prévia dos indígenas em regiões até então distantes dos centros tradicionais", um "movimento implacável de colonialismo interno" cuja lei "se coaduna com a crispação liberal" e "se corresponde com o positivismo mais rígido e intimamente coerente com o triunfo do mais forte: a lei marcial" (Viñas, 2003).

Liberalismo e positivismo se conjugam com extração e expropriação para perpetrar o assassinato racial na Argentina. Os indígenas são "os diferentes", o "insólito e obstinado destaque da natureza que se atreve a se defender", aqueles impossíveis de assimilar, visto que opõem "sua opacidade essencial à fluidez indispensável para que o espaço nacional se torne moderno e eficiente", o obstáculo resistente que bloqueia a conversão definitiva do território nacional ao capitalismo. Esse processo de extermínio e adequação teve sempre como alicerce a produção de enunciados: "Uma teoria estruturada, global e que justifica a submissão (ou a liquidação)". Viñas compreende perfeitamente a função teológica, ou seja, de retirada de culpa, ordenadora e santificadora dessas teorias: uma "escrita no deserto" que proporciona e consagra "o monopólio do céu e da palavra": "Pela primeira vez os *gentlemen* não apenas se sentem financistas e guardas de seus latifúndios, mas também seus próprios capelães".

Em contraste com Schmitt, para Viñas a ocupação da terra e a criação de direito (e de suas categorias) não podem ser concebidas independentemente de uma consideração das técnicas da guerra e do despojo, assim como das relações de produção e de classe que os novos corpos dominantes instauram. O *nomos* colonial determina, desse modo, um vínculo particular entre distribuição da terra, formas de exploração, constituição jurídica do Estado, mecanismos repressivos e processos dominantes de pensar e de escrever.

O reverso da soberania é a escrita, à medida que se entrelaça ao poder das armas, da cruz e do dinheiro. Viñas não deixa de se referir à figura do "intelectual semicolonial", que procura sobretudo eleger um centro que ilumine e sustente, que prestigie e apoie, que ofereça bons modos e negócios. A partir daí, trata-se de recorrer ao recurso de uma tradução europeia recente, à qual esse intelectual teve acesso antes dos demais, assim como ao resguardo do monopólio da leitura pública. O colonialismo ideológico é o substrato das modas intelectuais, um "clientelismo projetado sobre o terreno do pensamento". Não se contesta neste ou naquele intelectual o fato de conhecer ou lidar com o que se produz na metrópole, e sim a repetição acrítica em seu proveito, de difundir isso "sem confrontar os desníveis históricos".

Rita Segato também segue a pista dessa relação entre ocupação da terra e constituição de categorias, buscando captar o funcionamento das soberanias herdeiras da Colônia. Poder de controle, violência e escrita sobre os corpos. Os Estados latino-americanos reproduzem uma dinâmica de exceção permanente como maneira de encurtar a partir de cima sua distância da dinâmica comunitária. O *nomos* colonial termina por ser, no que lhe toca, inseparável da língua do poder patriarcal. Em *La escritura en el cuerpo de las mujeres asesinadas en Ciudad Juárez*,[48] Segato sustenta que o neoliberalismo dispõe das relações de gênero como dispositivo principal para o domínio sobre a natureza e a comunidade. A própria forma da soberania é desempenhada no mandato masculino de atuar virilmente sobre e contra o feminino. Cada ato de despotismo patriarcal age como um enunciado soberano escrito sobre o corpo das mulheres assassinadas, como um modo de comunicar onde reside o poder e quem o exerce. A pedagogia da crueldade patriarcal-neoliberal é o reverso escrito, o texto normativo e a codificação da violência no interior dos dispositivos de produção da soberania, em territórios sucessivamente colonizados de acordo com os imperativos globais de acumulação de capital.

A terra, a vida e o vivo, o humano e o natural têm sido submetidos a um projeto coisificador que se estende segundo linhas de gênero, racionais (coloniais) e classistas. No livro *Contrapedagogías de la crueldad*, a autora explica:

> O tráfico de pessoas e a exploração sexual praticados nestes dias são os mais perfeitos exemplos e, ao mesmo tempo, alegorias do que quero dizer com pedagogia da crueldade. É possível que isso explique o fato de que todo empreendimento extrativista que se estabelece nos campos e pequenos povoados da América Latina para produzir commodities destinadas ao mercado global, ao se instalar, traz consigo ou é, inclusive, precedido por prostíbulos e pelo corpo-coisa das mulheres que ali se oferece. (Segato, 2018)

A "normalização de uma paisagem da crueldade" acaba inseparável da diminuição dos "limiares de empatia

---

[48] Ver também, em português: Rita Segato, "Território, soberania e crimes de segundo Estado: a escritura nos corpos das mulheres de Ciudad Juárez", *Revista Estudos Feministas*, v. 13, n. 2, p. 265-85, maio-ago. 2005. [N.T.]

indispensáveis para a empresa predadora". O governo da despossessão depende de sua capacidade para induzir a dessensibilização geral ao sofrimento dos outros.

No início dos anos 1960, Schmitt escreveu que a época da estatalidade já estava chegando ao fim: "O Estado como modelo de unidade política, o Estado como titular do mais extraordinário de todos os monopólios, ou seja, do monopólio da decisão política, está para ser destronado" (Schmitt apud Virno, 2011). Paolo Virno recupera essa citação em *Ambivalencia de la multitud* para descrever o desmoronamento do princípio fundamental da soberania estatal europeia: o "pacto preliminar de obediência", que supõe e dá força de obrigação à norma legal. Tal desmoronamento se deve, segundo Virno (2011), tanto "à natureza do atual processo produtivo (baseado no saber abstrato e na comunicação linguística), como nas lutas sociais dos anos 1960 e 1970", quanto à "proliferação de formas de vida refratárias" ao "pacto preliminar de obediência". Desde então, afirma Virno, a relação entre multidão e soberania oscila entre a afirmação de instituições pós-estatais ("instituições centrífugas"), que suspendem o controle centralizado, e o estado de exceção permanente, promulgado pelo soberano, que tenta repor esse controle.

O estado de exceção permanente, diz Virno, indica "uma superação da forma Estado sobre a própria base da estatalidade", uma perpetuação que já não pode deixar de exibir o aspecto irreversível de sua falência. Para ele, esse desmoronamento é uma boa notícia: significa a própria possibilidade de pensar uma "república não estatal", um funcionamento e uma relação com as regras em que se atenue a diferença entre "questões de fato" e "questões de direito". Rompido o pacto preliminar de obediência que supõe a soberania, "as normas voltam a ser fatos empíricos e alguns fatos empíricos adquirem um poder normativo".

Fica assim estabelecido um princípio constituinte de caráter substituível e revogável: "Toda regra deve se apresentar, ao mesmo tempo, como uma unidade de medida da práxis e como algo que deve, por sua vez, ser sempre medido de novo" (Virno, 2011).

De forma semelhante, em *Política y Estado en Deleuze y Guattari*, Guillaume Sibertin-Blanc invoca um *nomos* especificamente deleuziano, nômade, que funciona como uma instância de ausência de limitação:

> Faz da terra a grande desterritorializada, mas também a mais alta potência desterritorializante: não o fundamento de territórios divididos, com juridificação, ocupados economicamente, mas a instância que abre os territórios para seu exterior, sua desocupação ou sua transformação. (Sibertin-Blanc, 2017)

O autor explica que Deleuze

> privilegia a ideia da "repartição": o *nomos* não é a divisão e a distribuição da terra entre os homens (repartição objetiva que pressupõe a captura objetivante da terra), mas a repartição de homens, bestas, coisas e acontecimentos sobre um espaço indivisível, aberto, ilimitado (repartição da terra que não se pode objetivar nem atribuir). (Sibertin-Blanc, 2017)

Se Schmitt é, segundo Sibertin-Blanc, um pensador estatal da crise estatal, Deleuze e Guattari concebem um *nomadismo* incompatível com a captura estatal do território.

A "nomadologia" de Deleuze e Guattari e suas "máquinas de guerra" alisam o espaço e enfrentam o aparato de Estado, enquanto este último o estria e tenta capturar a violência para dispor dela segundo seus próprios fins militares.

No contexto da intifada, inspiração direta para as máquinas de guerra de Deleuze e Guattari, o historiador palestino Elias Sanbar elaborou, para o caso do Estado de Israel, um nexo inconsciente entre soberania e extermínio, entre escrita e deserto. A formação de estruturas inconscientes do Estado — a ficção de uma terra deserta, despovoada — se origina também com a ocupação da terra. Mas não é apenas Israel. Sanbar explica a sintonia profunda entre os sucessivos governos de Israel e os dos Estados Unidos por meio de uma empatia constitutiva, anterior à convergência de interesses de ordem geopolítica. Os dois Estados — e não são os únicos, certamente — representam sua própria criação sobre um vazio. É em virtude dessa crença que se permite uma compulsão similar ao aniquilamento de toda forma de vida preexistente no território sobre o qual exercerão sua soberania, como se começassem do zero. "Peles vermelhas" e palestinos compartilham, desde então, um mesmo padecimento: a experiência de serem tratados como resíduos indesejados e persistentes, sintomas do que é reprimido e retorna, ameaçando, com sua simples presença, desestabilizar essa instituição *ex nihilo*.

Em 1º de agosto de 2017, soube-se do desaparecimento de Santiago Maldonado no contexto de uma ofensiva repressiva ilegal por parte da Gendarmería Nacional[49] sobre a comunidade mapuche Pu Lof en Resistencia de Cushamen, na Patagônia argentina. Maldonado era um jovem da província de Buenos Aires que ganhava a vida como artesão e tatuador, e que se encontrava, naquele momento, apoiando a comunidade mapuche na reivindicação pela posse de suas terras. Seu corpo foi encontrado 78 dias depois no Rio Chubut, quatrocentos metros acima

---

[49] Força de segurança militarizada, subordinada ao Ministério da Segurança da Argentina. [N.T.]

de onde havia sido visto pela última vez. Durante aqueles meses, instaurou-se uma extraordinária mobilização social por informações sobre o paradeiro de Santiago Maldonado e pela responsabilização judicial dos responsáveis por seu desaparecimento. Enquanto isso, o governo nacional fazia todo o possível para provocar confusão e evitar que o caso se esclarecesse. "Peles vermelhas", palestinos e também os Mapuche.

O conflito entre as forças de segurança do Estado e as comunidades mapuche em luta se concentra na reivindicação de terras ancestrais do sul do país, ocupadas por grandes empresas e grupos como Benetton, Roca, Bemberg e Lewis. Em todos esses casos, a apropriação de terras é levada adiante em condições irregulares e implica conflitos com as populações deslocadas. Essas disputas têm se disseminado e se intensificado nos últimos anos devido ao aumento do valor desses territórios. Para compreender a dinâmica desse conflito, é necessário tentar captar a superposição de duas lógicas complementares: por um lado, a concentração da propriedade em torno de uma economia extrativista e, por outro, a tentativa de enquadrar como terrorista toda resistência à expropriação territorial. Nesse sentido, cabe assinalar que o governo de Mauricio Macri aceitou o diagnóstico do Comando Sul dos Estados Unidos,[50] que inclui a luta dos Mapuche na lista de novas ameaças à segurança do Estado — ou seja, parte-se da ideia de que as comunidades mapuche e suas reivindicações pela terra são em si criminalizáveis. A repressão ilegal, que tirou a vida de Maldonado, foi elaborada e comandada por Pablo Noceti, à época chefe de gabinete do Ministério de Segurança, advogado de lideranças militares da última ditadura

---

[50] Braço do Departamento de Defesa dos Estados Unidos voltado para América Central, América do Sul e Caribe. [N.T.]

e apologista do terrorismo de Estado. O fato se deu em um contexto no qual já havia antecedentes sérios de atuação repressiva. Durante o mês de janeiro daquele mesmo ano, a Gendarmería, com amplo apoio político e para além de toda ordem judicial, havia atacado duramente uma comunidade mapuche em luta. Esses acontecimentos se inserem em uma série repressiva mais ampla, na qual se incluem a repressão aos docentes que tentavam instalar uma lona na praça do Congresso, em sua luta por salários e pela defesa da educação pública; a repressão às mulheres convocadas pelo movimento Ni Una Menos, em luta contra os feminicídios; e a repressão aos trabalhadores da Pepsico, em luta contra as demissões, ou aos grupos *piqueteros* que reivindicavam uma decretação de emergência social e alimentar. Essa série teve outro capítulo doloroso em 2017: o assassinato de Rafael Nahuel, que tomou um tiro pelas costas disparado pela Prefectura Naval Argentina,[51] apoiada em discurso pela ministra de Segurança; e a forte repressão na praça do Congresso, em dezembro do mesmo ano, aos manifestantes contrários à reforma do sistema previdenciário. Em todos esses casos — e há muitos outros —, a violência oficial fez parte de uma política comunicativa voltada à produção de certa "normalidade" por meio da ameaça e do medo.

O ensaísta Christian Ferrer propõe, em seu livro sobre Ezequiel Martínez Estrada, um método simples e pouco habitual de radiografar a realidade presente: enganar-se o mínimo possível. Daí o título: *La amargura metódica*. Ferrer atribui esse método a seu biografado, mas ele mesmo o coloca em prática em sua escrita. Não se enganar significa evitar se apaixonar pelos próprios preconceitos,

---

51 Força de segurança policial que é a autoridade marítima nacional, sob jurisdição do Ministério da Segurança. [N.T.]

e assumir uma atitude fruto de um amálgama entre a lógica e o paradoxo e uma angústia pessoal incurável pela constituição fracassada do país. Ver a falha orgânica na origem pátria diz respeito a assumir o caráter ainda não resolvido de uma história cruel, fundada no fratricídio e na guerra social. Martínez Estrada (*apud* Ferrer, 2014) diagnosticava na Argentina uma incontrolável mania pela "administração técnica e pelo desperdício de esforços", uma impossibilidade de "transmutar a psique danificada ou o símbolo sem potência em algum tipo de grandeza". A amargura metódica não implica ficar apenas nas paixões tristes ou cair na resignação, mas uma disposição crítica voltada a detectar uma invariante histórica por baixo da novidade fulgurante; significa contornar o surrado recurso nacional ao otimismo e à redução do sentido à boa vontade transformadora, ambas disposições debilitantes, que adiam ou obliteram o enfrentamento com o aspecto trágico real do presente. E aquilo que não mudou, a invariante histórica, é o jogo do ódio e a fronteira. O indígena ("odioso obstáculo para os negócios") é expropriado de suas terras, e o *gaucho*[52] sábio e livre é reduzido a peão do campo como corolário de uma modernização veloz da valorização agrária: "O *fatum* psíquico perdura", segue-se fazendo negócios para uns poucos em nome de todos. A fronteira não desapareceu, mas foi reabsorvida, transmigrou, junto do ódio à favela, às periferias, aos assentamentos e a outros limiares, e também "aos acordos de máfias variadas, nem tímidas nem secretas, e a paixão pela ilegalidade de políticos e seus respectivos eleitores, enfim, as repartições estatais, nas quais se pratica

---

52 "Mestiço que, nos séculos XVIII e XIX, habitava a Argentina, o Uruguai e o Rio Grande do Sul (Brasil), e era cavaleiro transumante e hábil no trabalho com o gado" ("Gaucho", *Diccionario de la lengua española*, Real Academia Española, disponível em: https://dle.rae.es/gaucho). [N.T.]

o gatopardismo[53] rotativo" (Ferrer, 2014). E o pior de tudo, prossegue o autor, é que os escritores, de quem se poderia esperar alguma palavra salvadora, têm se vendido por migalhas, mantendo-se indiferentes ao fato de que suas posições políticas bloqueiam a efetiva "ruptura do círculo infernal dos governados", expressão da "causa metrópole contra a história rural e indígena" (Ferrer, 2014).

CAOS E PLASTICIDADE

Plebeísmo e nomadologia são premissas de uma inteligência coletiva que se desenvolve seguindo linhas de ressensibilização do campo social. São reversos libertários e igualitaristas das políticas neoliberais e populistas, que se fazem presentes sob a forma de sintomas, conflitos e afecções da linguagem. Nascem do empenho em inventar saídas para situações sem saída.

A filósofa francesa Catherine Malabou concebeu a *plasticidade* precisamente como a capacidade de inventar saídas para situações sem saída. Essa noção, que a autora tem pesquisado por meio das descobertas recentes no campo da neurociência, oferece uma imagem da inteligência e do pensamento que permite desmontar não apenas a representação ideológica e ordinária do cérebro como instância soberana de controle (um "encéfalo totalmente determinado geneticamente", fixo e programado, que transmite ordens "a partir de cima"), mas também as representações mais recentes e sofisticadas associadas ao *management neuronal* (Malabou, 2013).

---

[53] Referência ao romance *O leopardo* (em espanhol, *El gatopardo*), de Giuseppe Tomasi di Lampedusa (1896-1957), que contém a famosa máxima segundo a qual é preciso que tudo mude para que tudo siga igual. [N.T.]

Em seu livro *¿Qué hacer con nuestro cerebro?*, a autora explica que a plasticidade é a qualidade mais própria e menos conhecida de nossa mente. Por plasticidade, devemos entender todo o arco possível de relações entre forças e formas: da aptidão receptiva para adotar formas dadas até a possibilidade ativa de dar forma. Desse modo, "falar de plasticidade do cérebro nos leva, portanto, a considerar o cérebro como uma instância simultaneamente *modificável, formável* e *formadora*" (Malabou, 2013). A plasticidade é também a capacidade de destruir a forma, seja ela dada, seja inventada, e se associa a um fator explosivo e desobediente. Em cada indivíduo, o cérebro singulariza modalidades específicas de recepção, destruição e criação de forma, sem estar por isso restrito a nenhuma forma preestabelecida. Em outras palavras: o órgão cerebral é suscetível tanto à programação quanto à desprogramação — é um órgão aberto à criação de novos possíveis.

A polêmica que Malabou insere no plano político remete ao que ela denomina "ideologia neuronal": um conjunto de representações sobre o cérebro funcionais para os requisitos do mundo da empresa, que distorce o conceito de plasticidade, substituindo-o pelo de flexibilidade. A flexibilidade é um falso correspondente da plasticidade, porque mantém apenas um de seus aspectos: sua aptidão para assimilar formas, para se vergar, se dobrar. Como na linguagem neoliberal da flexibilidade laboral, aqui o aspecto flexível, oposto ao aspecto plástico, confunde-se com o aspecto dócil. Diferentemente do plástico, ao aspecto flexível lhe falta o "poder de criar, de inventar ou também de apagar um rastro, o poder de marcar" (Malabou, 2013). A flexibilidade é "a plasticidade sem seu gênio", sem a capacidade de desviar um destino.

Em alguns autores de formação marxista, podemos encontrar uma tentativa similar de emancipar o cérebro por meio de uma nova dedução democrática de seus potenciais plásticos. Paolo Virno, por exemplo, também acompanha de perto as investigações neurocientíficas com a intenção de retomar e continuar as indicações sobre o *general intellect* que Marx havia avançado nos *Grundrisse*, mais precisamente em "Capital fixo e desenvolvimento das forças produtivas da sociedade". Apesar disso, é um texto de Deleuze e Guattari, "Do caos ao cérebro" (conclusão do livro *O que é a filosofia?*), que esclarece que a polêmica pela atividade cerebral se refere à criação de formas de vida.

A perda da plasticidade acarreta fadiga e impotência, uma incapacidade para criar novas consistências, o terror ao poder arrasador da desordem e um refugiar-se nos modos de vida estabelecidos. O texto começa assim: "Nada é mais doloroso, mais angustiante do que um pensamento que escapa a si mesmo, ideias que fogem, que desapareçem apenas esboçadas" (Deleuze & Guattari, 1993 [1992]). Ao fugir dessas velocidades infinitas de variabilidade que dificultam a tomada de consciência, o pensamento se refugia sob o guarda-chuva protetor das opiniões disponíveis.

Um confinamento desse tipo, contudo, não permite respirar. Existe uma realidade pulmonar no pensamento e na vida. Torna-se necessário romper o guarda-chuva, rasgá-lo para que entre ar, ou um pouco de luz, o necessário para moldar novas visões. Isso é o que fazem a filosofia, a ciência e a arte, travessias arriscadas, modalidades específicas de se delinear planos sobre o caos, atividades extrativas que buscam criar consciências a partir de pedaços de infinito, transformar um movimento caótico em uma nova ideia.

Deleuze e Guattari chamam "caoides" essas "ideias vitais" que surgem não de um cérebro já concebido como conexões e integrações orgânicas, mas de um cérebro-sujeito que pensa, "o homem sendo apenas uma cristalização cerebral". Apesar disso, o que acontece é que, tal qual descrito por

Franco Bifo Berardi em seu já mencionado *Fenomenología del fin*, esse cérebro-sujeito, ou inteligência coletiva, vê-se repetidamente bloqueado em sua autonomia. A desregulamentação neoliberal, expressa na fusão entre capital e inovação técnica da rede digital, dotou o sistema de uma nova flexibilidade que lhe permitiu sufocar e capturar de modo eficaz as rebeliões dos anos 1970 e a revolução técnica dos 1980. Em um contexto celebrativo da democracia como valor político universal, a desregulamentação financeira destruiu as mediações próprias da democracia burguesa moderna e impôs suas decisões por meio de uma série de automatismos aparentemente inquestionáveis. Bifo afirma que a excessiva complexidade da situação levou o corpo social a se desconectar do cérebro social, de modo que a sensibilidade ficou desconectada do intelecto e a consciência social se viu ameaçada e fragmentada. Como consequência, a raiva contra a exploração se transformou em frustração e autodesprezo.

DO DESENCANTO À *GEOFILOSOFIA*

Em uma série japonesa de desenho animado, *Naruto*, os ninjas se destacam por sua capacidade de ver "para além da decepção". Trata-se de ir a fundo, de aprender a enxergar na noite fechada, em meio ao triunfalismo inimigo, e de se manter ativo inclusive na quietude. Ir até o fim inclusive no desencanto com os próprios ideais. Esse exercício perde força apenas quando é confundido com o pessimismo.

A reflexão de Bifo sobre a figura e a obra de Guattari está atravessada pela busca de novos equilíbrios anímicos, distante do voluntarismo militante e da depressão *post festum*, que seria sua outra face inadvertida. Em "La depresión Félix", Bifo faz referência ao fracasso do pensamento sobre a política e o desejo que Deleuze e Guattari haviam tentado em *O anti-Édipo*. Aquela concepção juvenil acabava sendo incapaz de prestar a necessária atenção filosófica e política ao fenômeno da depressão, a sua potência cognitiva "paralisante". A depressão é, para Bifo, um efeito direto da queda do investimento da energia desejante implicada durante o processo de produção de sentido. Surge de um choque entre a concreção de energia desejante envolvida na criação de formas de vida (conceitos, sensações, afetos) e a condição impermanente das formas, que tendem a se dispersar no tempo. Em outras palavras, o fenômeno da depressão é consubstancial a uma concepção do desejo incapaz de suportar a dissolução da comunidade militante que inevitavelmente acontece.

Se *O anti-Édipo* foi "o manifesto da comunidade desejante, provisória e nomádica" (Berardi, 2013), o que veio depois foi o colapso. Como recorda Bifo, Guattari continuava a frequentar todo tipo de atividade, embora

> já não tivesse nada a ver com as reuniões militantes, com a ação política. Já não existia nenhuma ação política que não fosse de resistência. E na resistência não há esperança, porque onde se resiste se defendem configurações conceituais e imaginárias que ficaram sem objeto no mundo. Onde se resiste, se substitui o desejo pelo dever. (Berardi, 2013)

A depressão aparece como correlato da impotência da vontade política. Enquanto fenômeno impensado na concepção do desejo própria de Maio de 1968, estabelece um limite existencial, uma impugnação ao voluntarismo militante como força de transformação do mundo.

Bifo mantém, contudo, um interesse particular na evolução da filosofia do desejo de Deleuze e Guattari, que reaparece em *O que é a filosofia?*, um livro de 1991, escrito em um contexto muito distinto ao de 1968. Ele observa que ali os autores recolocam sua "utopia desejante" de modo mais próximo à sensibilidade dos anos 1980, visto que o desejo é compreendido em seu duplo caráter: por um lado, criador de experiências compartilhadas; por outro, alucinação que conduz ao apego e à depressão. Trata-se de uma nova aproximação ao desejo, atravessada por certo desencanto, mas também por certo budismo: para Bifo, é necessário combinar a vontade ativista com um reconhecimento da impermanência das formas.

Ao recuperar o pensamento de Guattari, Bifo concentra-se em sua noção de "caosmose", referente aos processos de ressintonização entre mente e entorno, com base em uma nova concatenação entre consciência e infoesfera. Essa nova concatenação, que diz respeito exclusivamente à sensibilidade e se encontra próxima às práticas educativas, artísticas e terapêuticas, não se resolve em um programa político. Significa, na obra de Deleuze e Guattari, a necessidade de um novo tratamento da questão da revolução, que já não será abordada em relação com o porvir, mas com os devires, e em relação também com a ideia de uma "nova terra".

A passagem pelo desencanto nos permite inventar novas relações com o mundo. Nesse caso, trata-se da descoberta de uma *geofilosofia*, que nos enfrenta com as forças da terra de que já falava Nietzsche. Atravessar a decepção da vontade cede lugar a um realismo crítico, que se distingue tanto do realismo sem devir das direitas como dos ideais de uma esquerda incapaz de recriar novas formas de acreditar no mundo, novas conexões com os movimentos da terra. Em contraposição, a geofilosofia implica sobretudo uma interpenetração entre terra e pensamento. Como discorrem Deleuze e Guattari (1993 [1992]) em "Geofilosofia", não se trata mais de "um fio estendido entre um sujeito e um objeto", mas sim de uma "relação entre o território e a terra": uma relação feita de movimentos.

A terra é, ela mesma, movimento incessante de transbordamento do território, movimento que se confunde com o "daqueles que deixam em massa seu território". Não é um elemento a mais, mas aquele que "reúne todos os elementos no mesmo abraço" e os dispõe de maneira tal que os empurra para abrir os territórios. É, ao mesmo tempo, movimento de desterritorialização e de reterritorialização: um movimento que volta a proporcionar novos territórios.

A dialética entre a terra (movimentos de desterritorialização) e os territórios (movimentos de reterritorialização) se completa com a distinção entre movimentos de desterritorialização reativa e de desterritorialização absoluta. Físicas, psicológicas ou sociais, as linhas da desterritorialização relativa remetem sempre à relação que a terra estabelece com os territórios que nela se esboçam ou se desvanecem, ao passo que, nos movimentos da desterritorialização absoluta, a terra *penetra* diretamente no pensamento, elevando-o ao infinito, ao mesmo tempo que o pensamento *absorve* a terra, engendrando um pensamento-natureza que já não admitirá reterritorialização que não seja criação de uma "nova terra por vir" (Deleuze & Guattari, 1993 [1992]). Os processos de desterritorialização — de caráter relativo ou absoluto — não remetem, porém, a movimentos independentes entre si. As linhas da desterritorialização absoluta podem apenas ser concebidas seguindo certas relações a serem determinadas com as desterritorializações relativas, pois sempre é possível substituir uma desterritorialização relativa em determinado âmbito por uma desterritorialização absoluta no pensamento.

A geografia é física e humana, mas é também "mental, como a paisagem" (Deleuze & Guattari, 1993 [1992]). Deleuze e Guattari reverenciam nela o poder do "meio" (o meio-ambiente) como espaço dos desvios, as desvinculações e os devires, contra a rigidez das estruturas. Se não propõem uma geopolítica, talvez seja porque, quando se deixa determinar pelo Estado — enquanto operador territorializador das grandes desterritorializações relativas do capitalismo mundial, sob a forma da aliança entre mercado e democracia —, a política atua como limite da geografia. É então a filosofia que deve se tornar política e exercer uma crítica radical daquilo que, em sua época, atua como limite e transcendência para devolver sua imanência ao movimento, e para liberar as possibilidades da restrição capitalista. Isso supõe apelar a uma terra nova ou, o que dá no mesmo, a um "povo novo". Porque, assim como as lutas e as formas de viver são linhas de desterritorialização absoluta (nova terra), tal reterritorialização termina por ser inseparável de novos modos de povoar a terra (nomadologia, povo novo). A filosofia torna-se política quando afirma uma espécie de "utopia de imanência", que conecta o aspecto infinito do pensamento com "o que há de real aqui e agora, na luta contra o capitalismo" (Deleuze & Guattari, 1993 [1992]). A filosofia torna-se política quando assume sua tarefa mais própria: diagnosticar devires.

HISTORICIDADE

Nova terra e *povo novo* são efeitos de uma comoção das estruturas que definem uma época. Além de coroar o curso contínuo da história, surgem como um desvio intempestivo; não de uma ruptura com o passado, embora talvez de uma relação com a memória não delimitada pela censura da época.

No dia 24 de março acontece na Argentina uma manifestação massiva para lembrar o último golpe de Estado cívico-militar, levado a cabo em 1976. No primeiro capítulo, mencionei como, desde os primeiros dias de governo,

Macri se havia colocado a pergunta pela pertinência e a utilidade política de associar seu governo com a ditadura. Não se trata aqui de se voltar outra vez para Macri, mas para as lembranças da ditadura: recordações que falam não apenas de sua brutalidade como também de seu caráter pedagógico, um aspecto metodicamente desenhado pelo bloco das classes dominantes argentinas. Empresários, Forças Armadas e Igreja Católica Apostólica Romana. Dívida, *picana*[54] e consolo. A historicidade não é esquecimento, mas desvio. É lembrança, mas não submissão.

Todos os anos, no dia 24 de março, desfazemos a linearidade do tempo. Não significa a mera recordação de uma tragédia cujas sequelas perduram até a atualidade, ou a compreensão das razões do fracasso das organizações revolucionárias da época. Se isso fosse tudo, não estaríamos fazendo outra coisa a não ser introjetar a pedagogia inimiga. Mais que uma homenagem ao tempo passado, tentamos resgatar o momento daquelas rebeliões esmagadas, os universos possíveis nunca realizados, condenados ao esquecimento. Walter Benjamin escreveu, em "Sobre o conceito de história", a respeito de "um encontro secreto entre as gerações precedentes e a nossa", em virtude da qual "temos sido esperados na terra" e para a qual fomos "dotados de uma frágil força messiânica, à qual o passado tem direito de voltar seus apelos". Uma geração se define, então, como uma força redentora de tudo aquilo que no passado permanece cancelado, com a condição de que a recuperação desse passado seja feita segundo os desafios das próprias desobediências.

---

[54] Instrumento de tortura que aplica choques elétricos, utilizado na Argentina, onde teria sido criado, e em outros países sul-americanos durante as últimas ditaduras. [N.T.]

A conexão com as gerações vencidas não apenas nos permite compreender as relações de forças atuais, mas também nos ajuda a entrever virtualidades não realizadas por meio das quais podemos imaginar os nossos possíveis. É mais um ato de tradução temporal do que um apego fiel ou de memória. Quando os documentos dos organismos de direitos humanos evocam as organizações revolucionárias, não se trata de congelá-las nem de repeti-las ao pé da letra. A tradução lança seu olhar sobre as rebeliões passadas para esboçar certas desobediências distintas no presente. Rasga o guarda-chuva da memória convencional para que um facho de luz estimule novas visões.

A historicidade é tradução também em outro sentido, ou seja, não apenas entre passado e presente, mas entre fragmentos desconectados de um mesmo tempo histórico. É possível percebê-lo na política criada pelos organismos de direitos humanos desde 1977, sobretudo nas Mães da Praça de Maio e em sua imensa capacidade de se vincular às subjetividades da crise em cada fase histórica. Ainda em plena ditadura, como escreveu León Rozitchner em seu livro *Malvinas: de la guerra sucia a la guerra limpia*,

> as Mães da Praça de Maio são as que colocaram em evidência onde se assenta a soberania de uma nação: na vida de seus cidadãos que se expande a partir de seus corpos. Elas sabem, com um saber fundamental, que esses militares que as destruíram estão incapacitados para defender, em nossa nação, qualquer soberania que se vincule a esse fundamento. (Rozitchner, 2015)

Esse saber fundamental, que vai dos afetos à política, foi capaz de inventar um modo de sensibilizar um campo social tomado pelo terror.

A capacidade de se contrapor ao terror, o saber dos corpos que os destruídos conservam e elaboram como fundamento de uma política distinta, deu lugar a uma contraofensiva sensível de longa duração que os quadros da repressão não previram. Em *Almirante Cero*, Claudio Uriarte relata que o almirante Massera, chefe da Marinha e integrante da primeira Junta Militar, dava risada dos familiares dos desaparecidos: via-os como espectros inofensivos de um inimigo derrotado, que, longe de buscar modificar as estruturas, limitavam-se a suplicar para que não fossem mortos. Muito pelo contrário, a atividade desenvolvida durante décadas pelos organismos de direitos humanos deu lugar a uma contrapedagogia popular, que confrontou a conexão intrínseca entre a aniquilação dos corpos, as políticas de endividamento, a entrega do patrimônio público e a destruição dos direitos dos trabalhadores. Dos lenços brancos aos lenços verdes,[55] passando pelos bloqueios de estrada dos *piqueteros* e pelas ondas populares, tem se desenvolvido uma extraordinária trajetória, rica em saberes e ensinamentos, que, durante mais de quatro décadas, foi capaz de sustentar uma coesão interna e um relançamento das lutas no nível das massas.

A historicidade atua como um meio de conexão entre lutas passadas e presentes. Como na geografia "mental" de Deleuze e Guattari, possibilita desfiliações e habilita novas concatenações. Essa dupla persistência no tempo e na criação de vínculos inéditos ainda hoje continua a funcionar como principal recurso dos contrapoderes, no contexto de uma ofensiva conservadora plena sobre o âmbito público e sobre a dinâmica de criação de modos de vida.

[55] Os lenços brancos eram usados na cabeça pelas integrantes dos movimentos Mães e Avós da Praça de Maio, enquanto os lenços verdes se tornaram, mais recentemente, símbolo das lutas feministas e do movimento a favor da descriminalização do aborto na Argentina. [N.T.]

A expressão "ofensiva sensível" é ambivalente. Trata-se de uma fórmula reversível, que se refere tanto às pedagogias da crueldade que coisificam a vida, denunciadas por Rita Segato, como à racionalidade produtiva imposta ao cérebro coletivo, que dissocia a mente do corpo, sobre a qual fala Bifo. Ao mesmo tempo, também tem como propósito identificar os elementos que durante as últimas décadas modificaram a paisagem de boa parte da América Latina. "Ofensiva sensível" quer expressar uma coexistência de forças, identificar um campo de batalha no qual também se conjugam as ações e as paixões de um povo, os movimentos da terra.

Mais que uma terra prometida, a possibilidade de uma nova síntese.

CONSTITUIÇÃO

A questão é: o âmbito político continua a ser a instância capaz de articular essa nova reunião, essa nova síntese? Há pelo menos duas décadas, a América do Sul se vê sacudida por uma série de movimentos populares e de contraofensivas reacionárias que voltam a tensionar e a colocar em questão as noções centrais do âmbito político. Cada novo antagonismo reatualiza a possibilidade de reinvenção maquiaveliana: a história aberta, a imprevisibilidade política, a práxis como fonte de conhecimento, a revolta como potencial cognitivo. E cada arremate conservador, contudo, empenha-se em encerrar o racha, em fazer do campo político um sistema separado, um conjunto de instituições e um apego à ordem jurídica sustentado sobre o *a priori* da propriedade privada. Nessas ocasiões, a ciência política renasce como saber e cálculo das condutas, como capacidade de medir opiniões e de diagnosticar variáveis, de neutralizar a ação autônoma da inteligência coletiva.[56]

Em *El poder constituyente*, Toni Negri afirma que a separação entre o âmbito político e o social é, em si mesma, uma operação idealista e um momento de organização da exploração. Ele descreve a ação do príncipe (coletivo) como um processo que atravessa a desunião social, articulando as paixões e organizando-as como uma "forma formante", que, por meio de compromissos, equilíbrios de forças, ordenamentos e contrapesos diferentes, "recupera sempre e apesar de tudo a racionalidade dos princípios, ou seja, a adequação material do âmbito político perante o social e seu movimento indefinido" (Negri, 2015).

Lido dessa maneira, o príncipe é a constituição da vontade coletiva sobre o vazio, mas também uma leitura sobre a formação de novas subjetividades e de novas estratégias de apropriação da riqueza pela inovação nos processos de cooperação social. Isso, por sua vez, determina uma nova relação com o âmbito jurídico, uma abertura do texto constitucional às transformações materiais e subjetivas operadas no nível das lutas e das formas de vida. O poder constituinte, a ação do príncipe, expressa-se na ordem jurídico-constitucional como tendência a romper a conexão orgânica entre soberania (capacidade de obrigar) e propriedade privada (bloqueio a formas de acesso à riqueza) que preside nossas constituições liberais. O conceito de poder constituinte atua, então, como nexo entre desterritorialização e povo novo: define um acesso comum à riqueza, como bens naturais ou de infraestrutura de socialização do conhecimento, da comunicação e das finanças. A evocação

---

[56] Sobre a ciência política como saber reacionário baseado na medição e no cálculo e sustentado em uma "metodologia do trabalho científico", ver Barba e Nieto (2017).

de um maquiavelismo a partir de baixo para formar um novo conceito do âmbito político procura desmistificar a compreensão schmittiana do político — que reduzia esse aspecto à administração estatal da hostilidade em função do par amizade/inimizade —, para buscar no antagonismo social os critérios práticos para a decisão democrática.

A restauração de uma ciência política conservadora é uma reação ao medo que inspira o aspecto incalculável, o aleatório como presença irredutível da multiplicidade. Embora seja correto que Maquiavel quisesse que a *virtude* governasse sobre a *fortuna*, não é menos certo que sua política expressa um reconhecimento da centralidade e inevitabilidade da contingência. A prática política se constitui sobre a base da divisão e do aspecto incalculável. O saber finito do âmbito político transforma-se em pensamento infinito por meio de movimentos que não pode controlar, mas que pode articular como momento novo.

O que a ciência política não suporta da aleatoriedade não é a divisão em si. Ela pretende controlar o antagonismo, medi-lo e manipulá-lo segundo conceitos oriundos do mundo da comunicação — como a "grieta"[57] —, mas não busca anulá-lo. O que ela não suporta é o fato de que a divisão não possa ser estabilizada em termos positivos e delimitáveis. Como escreveu Claude Lefort, a política nasce da divisão social, daquilo que Maquiavel concebia como o choque entre duas tendências impossíveis de satisfazer: o desejo de dominar, expresso pelos poderosos; e o desejo de não ser dominado, expresso por uma parte do povo. Divisão de desejos e incalculabilidade determinam

---

[57] "Fenda", ao pé da letra, "divisão" ou "racha". Expressão recorrente no léxico político argentino dos últimos anos, refere-se à oposição entre kirchneristas e antikirchneristas, mas também retoma divisões mais antigas, como peronistas e não peronistas e, em alguns contextos, estatistas e liberais ou progressistas e conservadores. [N.T.]

a condição aleatória do âmbito social e o conflito democrático como coração do âmbito político. O maquiavelismo implica a criação de dispositivos para produzir uma irrupção igualitarista e uma nova institucionalidade que surge do conflito e da divisão.

Enquanto isso, o campo político continua atrasado, recolhido para o lado errado. Conforma-se em governar uma ordem que não se atreve a questionar, incapaz de prefigurar novos cenários ou de se abrir a novas racionalidades. Entretanto, tudo o que acontece, acontece em seu reverso. Uma batalha sobre o universo sensível na qual se joga sua sorte: a de conquistar seu novo conceito.

REFERÊNCIAS

ALLOUCH, Jean. *El psicoanálisis ¿es un ejercicio espiritual? Respuesta a Michel Foucault*. Buenos Aires: El Cuenco de Plata, 2007. [Ed. bras.: *A psicanálise é um exercício espiritual? Resposta a Michel Foucault*. Trad. Maria Rita Salzano Moraes e Paulo Sérgio de Souza Jr. Campinas: Editora Unicamp, 2014.]

BARBA, Jaime Durán & NIETO, Santiago. *La política en el siglo XXI: Arte, mito o ciencia*. Buenos Aires: Debate, 2017.

BENJAMIN, Walter. "Sobre el concepto de historia". *In*: BENJAMIN, Walter. *La obra de arte en la época de su reproductibilidad técnica*. Buenos Aires: Godot, 2011. [Ed. bras. "Sobre o conceito de história". *In*: BENJAMIN, Walter. *Obras escolhidas*, v. 1, *Magia e técnica, arte e política: ensaios sobre literatura e história da cultura*. Trad. Sérgio Paulo Rouanet. São Paulo: Brasiliense, 2012.]

BENJAMIN, Walter. "El capitalismo como religión", *Katay*, v. 10, n. 13/14, p. 178-91, abr. 2016. [Ed. bras. "O capitalismo como religião". *In*: BENJAMIN, Walter. *O capitalismo como religião*. Trad. Nélio Schneider. São Paulo: Boitempo, 2013.]

BERARDI, Franco Bifo. *Félix: Narración del encuentro con el pensamiento de Guattari, cartografía visionaria del tiempo que viene*. Buenos Aires: Cactus, 2013.

BERARDI, Franco Bifo. *Fenomenología del fin: Sensibilidad y mutación conectiva*. Buenos Aires: Caja Negra, 2017.

BORDELEAU, Érik. *Foucault anonimato*. Buenos Aires: Cactus, 2018.

BROWN, Wendy. *El pueblo sin atributos, la secreta revolución del neoliberalismo*. Barcelona: Malpaso Editorial, 2017.

CARRI, Roberto. *Isidro Velázquez: Formas prerrevolucionarias de la violencia*. Buenos Aires: Colihue, 2001.

COLECTIVO JUGUETES PERDIDOS. *La gorra coronada: Diario del macrismo*. Buenos Aires: Tinta Limón, 2017.

DELEUZE, Gilles. *La imagen-tiempo: Estudios sobre cine 2*. Barcelona: Paidós Ibérica, 1987. [Ed. bras.: *A imagem-tempo: cinema 2*. Trad. Eloisa de Araujo Ribeiro. São Paulo: Brasiliense, 1990.]

DELEUZE, Gilles. *Nietzsche y la filosofía*. Barcelona: Anagrama, 2006. [Ed. bras.: *Nietzsche e a filosofia*. Trad. Mariana de Toledo Barbosa e Ovídio de Abreu Filho. São Paulo: n-1, 2018.]

DELEUZE, Gilles. *Derrames II. Aparatos de estado y axiomática capitalista*. Buenos Aires: Cactus, 2017.

DELEUZE, Gilles & GUATTARI, Félix. *¿Qué es la filosofía?* Barcelona: Anagrama, 1993. [Ed. bras.: *O que é a filosofia?* Trad. Bento Prado Jr. e Alberto Alonso Muñoz. São Paulo: Editora 34, 1992.]

FERRER, Christian. *La amargura metódica: Vida y obra de Ezequiel Martínez Estrada*. Buenos Aires: Sudamericana, 2014.

FUENTES, Andrés. *La cueva de los sueños: Precariedad, bingos y política*. Buenos Aires: Tinta Limón, 2018.

GAGO, Verónica. *La razón neoliberal: Economías barrocas y pragmática popular*. Madri: Traficantes de Sueños, 2015. [Ed. bras.: *A razão neoliberal: economias barrocas e pragmática popular*. Trad. Igor Peres. São Paulo: Elefante, 2018.]

GUEVARA, Ernesto Che. *El socialismo y el hombre en Cuba*. Barcelona: Anagrama, 1975. [Ed. bras.: *O socialismo e o homem em Cuba*. Trad. Pedro Gediel. Porto Alegre: Coragem, 2020.]

GUTIÉRREZ, Raquel; TAPIA MEALLA, Luis; PRADA ALCOREZA, Raul & GARCIA LINERA, Alvaro (orgs.). *Democratizaciones plebeyas*. La Paz: Muela del Diablo, 2002.

HADOT, Pierre. *Ejercicios espirituales y filosofía antigua*. Madri: Siruela, 2006. [Ed. bras.: *Exercícios espirituais e filosofia antiga*. Trad. Flavio Fontenelle Loque e Loraine Oliveira. São Paulo: É Realizações, 2014.]

HIROSE, Jun Fujita. *Cómo las imágenes devienen revolucionarias*. Buenos Aires: Tinta Limón, 2014.

JANKÉLÉVITCH, Vladimir. *La ironía*. Buenos Aires: El Cuenco de Plata, 2015.

LEFORT, Claude. *Maquiavelo: Lecturas de lo político*. Madri: Trotta, 2010.

LEVÍN, Pablo. *El capital tecnológico*. Buenos Aires: Catálogos, 1997.

LEWKOWICZ, Ignacio. *Pensar sin Estado*. Buenos Aires: Paidós, 2003.

LINERA, Álvaro García. *¿Qué es una revolución? De la Revolución Rusa de 1917 a la revolución de nuestros tiempos*. La Paz: Vicepresidencia del Estado, 2017. [Ed. bras.: *O que é uma revolução?* São Paulo: Expressão Popular, 2018.]

LORDON, Frédéric. *Los afectos de la política*. Zaragoza: Prensas de la Universidad de Zaragoza, 2017.

MALABOU, Catherine. *¿Qué hacer con nuestro cerebro?* Madri: Arena, 2013.

MOVIMIENTO DE TRABAJADORES DESOCUPADOS ANÍBAL VERÓN. *Darío y Maxi. Dignidade piquetera*. Buenos Aires: El Colectivo, 2003.

NATANSON, José. *¿Por qué? La rápida agonía de la Argentina kirchnerista y la brutal eficacia de una nueva derecha*. Buenos Aires: Siglo XXI, 2019.

NEGRI, Antonio. *El poder constituyente: Ensayo sobre las alternativas de la modernidad*. Madri: Traficantes de Sueños, 2015.

PACHECO, Mariano. *Desde abajo a la izquierda*. Buenos Aires: Cuarenta Ríos, 2019.

PIGLIA, Ricardo. *Los diarios de Emilio Renzi*, v. 3, *Un día en la vida*. Barcelona: Anagrama, 2017. [Ed. bras.: *Os diários de Emilio Renzi*, v. 3, *Um dia na vida*. São Paulo: Todavia, 2021.]

POCOCK, J. G. A. *El momento maquiavélico, el pensamiento político florentino y la tradición republicana atlántica*. Madri: Tecnos, 2002.

ROZITCHNER, León. *Freud y el problema del poder*. Buenos Aires: Losada, 2003. [Ed. bras.: *Freud e o problema do poder*. Trad. Marta Maria Okamoto e Luiz Gonzaga Braga Filho. São Paulo: Escuta, 1989.]

ROZITCHNER, León. *Malvinas: De la guerra sucia a la guerra limpia — El punto ciego de la crítica política*. Buenos Aires: Biblioteca Nacional, 2015.

ROZITCHNER, León. "Marxismo o cristianismo, polémica con Eggers Lan en torno al marxismo y al cristianismo". *In*: ROZITCHNER, León. *Combatir para comprender. Las cuatro grandes polémicas: cristianismo, peronismo, Malvinas y violencia política*. Buenos Aires: Octubre, 2018.

SCHMITT, Carl. *El nomos de la tierra*. Granada: Comares, 2003. [Ed. bras.: *O nomos da terra no direito das gentes do jus publicum europaeum*. Trad. Alexandre Franco de Sá, Bernardo Ferreira, José Maria Arruda e Pedro Hermílio Villas Bôas Castelo Branco. Rio de Janeiro: Contraponto, 2014.]

SEGATO, Rita. *Contrapedagogías de la crueldad*. Buenos Aires: Prometeo, 2018.

SELCI, Dalmian. *Teoría de la militancia*: *Organización y poder popular*. Buenos Aires: Cuarenta Ríos, 2018.

SIBERTIN-BLANC, Guillaume. *Política y Estado en Deleuze y Guattari: Ensayo sobre el materialismo histórico-maquínico*. Bogotá: Universidad de Los Andes, 2017.

SPINOZA, Baruch. *Tratado político*. Madri: Alianza, 1986. [Ed. bras.: *Tratado político*. Trad. Diogo Pires Aurélio. São Paulo: WMF Martins Fontes, 2009.]

SPINOZA, Baruch. *Ética*. Madri: Alianza, 2002. [Ed. bras.: *Ética*. Trad. Grupo de Estudos Espinosanos. São Paulo: Edusp, 2021.]

TRÍMBOLI, Javier. *Sublunar: Entre el kirchnerismo y la revolución*. Buenos Aires: Cuarenta Ríos, 2017.

VIÑAS, David. *Indios, ejército y frontera*. Buenos Aires: Santiago Arcos, 2003.

VIRNO, Paolo. *Gramática de la multitud: Para un análisis de las formas de vida contemporáneas*. Madri: Traficantes de Sueños, 2003. [Ed. bras.: *Gramática da multidão: para uma análise das formas de vida contemporâneas*. Trad. Leonardo Retamoso Palma. São Paulo: Annablume, 2013.]

VIRNO, Paolo. *Ambivalencias de la multitud: Entre la innovación y la negatividad*. Buenos Aires: Tinta Limón, 2011.

DIEGO SZTULWARK nasceu em Buenos Aires, Argentina, em 1971. Estudou ciência política na Universidade de Buenos Aires. É professor e coordena grupos de estudo sobre filosofia e política. De 2000 a 2009, foi membro do coletivo Situaciones, com o qual realizou uma intensa pesquisa militante. Coeditou a obra de León Rozitchner para a Biblioteca Nacional argentina e é coautor de vários livros, entre os quais *Buda y Descartes: La tentación racional* (com Ariel Sicorski) e *Vida de perro: Balance político de un país intenso del 55 a Macri*, baseado em suas conversas com o jornalista Horacio Verbitsky. Escreve assiduamente no blog *Lobo Suelto*.

© Editora Elefante, 2023

Título original
La ofensiva sensible: neoliberalismo, populismo y el reverso de lo político
© Diego Sztulwark, 2019
© Caja Negra Editora, 2019

Primeira edição, fevereiro de 2023
São Paulo, Brasil

Dados Internacionais de Catalogação na Publicação (CIP)
Angélica Ilacqua CRB – 8/7057

Sztulwark, Diego [1971–]
   A ofensiva sensível: neoliberalismo, populismo e o reverso
      da política / Diego Sztulwark; tradução de Gabriel
      Bueno da Costa. — São Paulo: Elefante, 2023.
216 p.

ISBN 978-65-87235-87-5
Título original: La ofensiva sensible: neoliberalismo,
populismo y el reverso de lo político

1. Neoliberalismo 2. Ciências sociais
I. Sztulwark, Diego II. Costa, Gabriel Bueno da

22 – 3410   CDD 320.51

Índice para catálogo sistemático:
1. Neoliberalismo

---

elefante

editoraelefante.com.br   Aline Tieme [vendas]
contato@editoraelefante.com.br   Katlen Rodrigues [mídia]
fb.com/editoraelefante   Leandro Melito [redes]
@editoraelefante   Samanta Marinho [financeiro]

FONTES Brixton e Signifier
PAPÉIS Pólen soft 80 g/m² e Cartão 250 g/m²
IMPRESSÃO Gráfica Pallotti